北京电力市场交易工作问答

首都电力交易中心有限公司

组编

中国电力出版社
CHINA ELECTRIC POWER PRESS

图书在版编目（CIP）数据

北京电力市场交易工作问答/首都电力交易中心有限公司组编．—北京：中国电力出版社，2023.8

ISBN 978-7-5198-8007-1

Ⅰ．①北… Ⅱ．①首… Ⅲ．①电力市场－市场交易－北京－问题解答 Ⅳ．①F426.61-44

中国国家版本馆 CIP 数据核字（2023）第 132731 号

出版发行：中国电力出版社
地　　址：北京市东城区北京站西街 19 号（邮政编码 100005）
网　　址：http：//www.cepp.sgcc.com.cn
责任编辑：周秋慧　鲍怡彤
责任校对：黄　蓓　马　宁
装帧设计：赵丽媛
责任印制：石　雷

印　　刷：三河市万龙印装有限公司
版　　次：2023 年 8 月第一版
印　　次：2023 年 8 月北京第一次印刷
开　　本：710 毫米×1000 毫米　16 开本
印　　张：8.25
字　　数：145 千字
定　　价：48.00 元

编　写　组

主　　编　程晓春　程　宏

执行主编　王　宇　王　立　祁　波

写作组主要成员

任汇东　张　岩　张辰达　方　硕

韩福彬　董　荞　周　哲　文　田

武　赫　徐　隽　赵　靓　王　沁

刘超丽　王兴存　崔东君　荆　华

关首峰　王海英　鲁秦圣　林子霞

林　华　黄　宁　于志诚　田　然

姚　然

前　言

2015 年 3 月，《中共中央 国务院关于进一步深化电力体制改革的若干意见》（中发〔2015〕9 号）下发，新一轮电力体制改革正式启动。相比 2002 年启动的改革，新一轮电力体制的改革背景、改革认识、改革参与者和改革复杂程度都发生了重大变化，这也决定了改革的目标、路径和方式与之前显著不同，电力改革成效关乎着市场主体的切实利益，因此售电市场化改革备受社会的广泛关注。

由于电力交易属于新兴行业，目前国内可供了解电力市场和交易规则的书籍相对较少，由于各地方电力交易政策普遍存在差异性，且政策文件更新迭代的速度较快，市场主体对系统了解我国电力体制改革思路、国家和地方电力市场规则充满迷茫、困惑。为了使读者更好地了解我国电力体制改革发展历程、北京地区电力市场最新的政策动态，以及契合电力交易工作实际的相关市场主体关心的热点问题，编者撰写了《北京电力市场交易工作问答》，希望能够帮助更多的人答疑解惑，为市场主体参与北京电力市场提供帮助和指导。

本书立足于中国售电侧市场化改革，基于国家、北京地区电力市场最新的政策文件，贴合电力交易工作实际进行编撰，内容涵盖市场改革背景、市场主体准入与退出、市场交易及合同管理、零售市场、绿电绿证交易、交易结算、信息披露、交易平台使用、交易机构规范化运作等多方面内容，通过问答的形式进行详细阐述，力求从实践的角度出发反映电力市场建设和运营中蕴含的丰富内容，努力为读者提供更广阔、丰富的看点。

全书由程晓春、程宏担任主编，王宇、王立、祁波担任执行主编，另由 23 位长期从事电力交易相关专业工作的领导和同事参与了撰稿、审核工作。第一章由任汇东、王沁编写，第二章由张岩、任汇东、王沁、鲁秦圣编写，第三章由张辰达、王兴存编写，第四章由韩福彬、张岩编写，第五章由张辰达、韩福彬、武赫、周哲编写，第六章由韩福彬、董荞、林华、黄宁、于志诚、田然、姚然、刘超丽、王海英编写，第七章由崔东君、武赫、文田、赵靓编写，第八章由方硕编写，第九章由任汇东、荆华、徐隽、关首峰、林子霞编写。

由于编者水平有限，书中难免存在疏漏或不足之处，请广大读者批评指正，相关建议可反馈至邮箱：sddljyzx@163.com。

编　者

2023 年 5 月

目 录

第二章　市场主体准入与退出 ………………………………… 24

第九章 电力交易机构运营管理 ······95

第一章

电 力 市 场

1．电力体制改革的目的是什么？

电力体制改革的最终目的是还原电力的商品属性，通过市场化改革，提高能源的生产和利用效率，形成合理的交易价格，提高发、输、配电资本的利用效率，正确引导电力规划。具体体现在，一是降低企业生产成本，提高企业竞争能力，促进经济发展；二是打破垄断，保障公平，促进服务质量提升；三是通过市场手段调节能源结构，提升清洁能源消纳比例；四是提升能源的使用效率。

2．我国电力体制改革的历程是什么？

我国电力体制改革始于 20 世纪 90 年代，1997 年，电力工业部撤销，电力行政管理权移交国家经济贸易委员会及地方政府，实现了政企分离，同期成立国家电力公司。2002 年 3 月，国务院正式批准《电力体制改革方案》，专项成立电力体制改革小组，开启了我国电力市场化改革历程。同年 12 月，将国家电力公司拆分为国家电网公司、中国南方电网有限公司、中国华能集团公司、中国大唐集团公司、中国华电集团公司、中国国电集团公司、中国电力投资集团公司、中国电力工程顾问集团公司、中国水电工程顾问集团公司、中国水利水电建设集团公司和中国葛洲坝集团公司。2003 年 3 月，国家电力监管委员会成立，开始履行电力市场监管者的职责。

2015 年 3 月，中共中央、国务院发布《中共中央 国务院关于进一步深化电力体制改革的若干意见》（中发〔2015〕9 号），标志着新一轮电力体制改革的开启。为了贯彻落实该文件精神，国家发展和改革委员会又出台了 6 个新的配套文件，涵盖了输配电价改革、电力市场建设、交易机构组建及规范运行、放开发用电计划、推进售电侧改革、加强和规范燃煤自备电厂监管等内容，并批复了云南、贵州两省开展电改综合试点和北京、广东组建电力交易中心的方案。2016 年 3 月，国家发展改革委发布《国家发展改革委关于扩大输配电价改革试点范围有关事项的通知》（发改价格〔2016〕498 号），进一步扩大输配电价改革试点范围，将北京、天津、河北、冀北、山西、陕西、江西、湖南、四川、重庆、广东、广西等12个省级电网和经国家发展改革委、国家能源局审核批复的电力体制改革综合试点省份的电网，以及华北区域电网纳入输配电价改革试点范围。这标志着新电改制度建设初步完成，正式进入实操阶段，对电力企业、工商业用户以及经济的影响将进一步显现。

2021年，随着煤炭等一次能源价格大幅上涨，发电企业发生大面积亏损，电力供应出现紧张，全国多个省份陆续出台了限电措施。为贯彻落实党中央、国务院决策部署，加快推进电价市场化改革，国家发展改革委在10月发布了《国家发展改革委关于进一步深化燃煤发电上网电价市场化改革的通知》(发改价格〔2021〕1439号)，文件提出，“燃煤发电电量原则上全部进入电力市场，扩大市场交易价格上下浮动范围，推动工商业用户全部进入市场，取消工商业目录销售电价，对暂未从电力市场直接购电的工商业用户由电网企业代理购电”。此次文件的出台，将原来未参与市场的煤电、未参与市场的工商业用户全部推入市场。全部工商业电价通过“电能量交易价＋输配电价＋辅助服务费用＋政府性基金及附加”形成，发电成本变化及时通过市场机制向用户传导，实现工商业用户电价“能涨能跌”，我国电力市场从此进入市场化改革的大跨步阶段。

3. 电力体制改革的总体思路、重点和路径是什么？

深化电力体制改革的指导思想和总体目标是坚持社会主义市场经济改革方向，从我国国情出发，坚持清洁、高效、安全、可持续发展，全面实施国家能源战略，加快构建有效竞争的市场结构和市场体系，形成主要由市场决定能源价格的机制，转变政府对能源的监管方式，建立健全能源法制体系，为建立现代能源体系、保障国家能源安全营造良好的制度环境，充分考虑各方面诉求和电力工业发展规律，兼顾改到位和保稳定。通过改革，建立健全电力行业“有法可依、政企分开、主体规范、交易公平、价格合理、监管有效”的市场体制，努力降低电力成本、理顺价格形成机制，逐步打破垄断、有序放开竞争性业务，实现供应多元化，调整产业结构，提升技术水平、控制能源消费总量，提高能源利用效率、提高安全可靠性，促进公平竞争、促进节能环保。

深化电力体制改革的重点和路径是在进一步完善政企分开、厂网分开、主辅分开的基础上，按照管住中间、放开两头的体制架构，有序放开输配以外的竞争性环节电价，有序向社会资本开放配售电业务，有序放开公益性和调节性以外的发用电计划；推进交易机构相对独立，规范运行；继续深化对区域电网建设和适合我国国情的输配体制研究；进一步强化政府监管，进一步强化电力

统筹规划，进一步强化电力安全高效运行和可靠供应。

4. 推进电力市场改革的重点任务是什么？

电力市场改革共涉及七项重点任务，一是有序推进电价改革，理顺电价形成机制；二是推进电力交易体制改革，完善市场化交易机制；三是建立相对独立的电力交易机构，形成公平规范的市场交易平台；四是推进发用电计划改革，更多发挥市场机制的作用；五是稳步推进售电侧改革，有序向社会资本放开售电业务；六是开放电网公平性接入，建立分布式电源发展新机制；七是加强电力规划和科学监督，提高电力安全可靠水平。

5. 我国电力体制改革的主要政策有哪些？

2015 年，中共中央、国务院下发了《中共中央 国务院关于进一步深化电力体制改革的若干意见》（中发〔2015〕9 号）及相关配套文件，此后逐年陆续出台了若干政策文件，逐步完善市场交易机制，为电力市场发展注入强劲动能，为企业创造了良好的经营环境，具体相关政策文件可登录政府相关网站进行下载。国家电力体制改革相关政策文件如表 1.1 所示。

表 1.1　　国家电力体制改革相关政策文件

<table>
<tr><th>发布年份</th><th>政策文件</th><th>文件号</th></tr>
<tr><td rowspan="12">2015</td><td>《中共中央 国务院关于进一步深化电力体制改革的若干意见》</td><td>中发〔2015〕9 号</td></tr>
<tr><td>《关于推进输配电价改革的实施意见》</td><td rowspan="6">发改经体〔2015〕2752 号</td></tr>
<tr><td>《关于推进电力市场建设的实施意见》</td></tr>
<tr><td>《关于电力交易机构组建和规范运行的实施意见》</td></tr>
<tr><td>《关于有序放开发用电计划的实施意见》</td></tr>
<tr><td>《关于推进售电侧改革的实施意见》</td></tr>
<tr><td>《关于加强和规范燃煤自备电厂监督管理的指导意见》</td></tr>
<tr><td>《国家发展改革委关于贯彻中发〔2015〕9 号文件精神加快推进输配电价改革的通知》</td><td>发改价格〔2015〕742 号</td></tr>
<tr><td>《国家发展改革委关于降低燃煤发电上网电价和工商业用电价格的通知》</td><td>发改价格〔2015〕748 号</td></tr>
<tr><td>《国家发展改革委关于完善跨省跨区电能交易价格形成机制有关问题的通知》</td><td>发改价格〔2015〕962 号</td></tr>
<tr><td>《国家发展改革委 国家能源局关于印发〈输配电定价成本监审办法（试行）〉的通知》</td><td>发改价格〔2015〕1347 号</td></tr>
<tr><td>《国家发展改革委关于降低燃煤发电上网电价和一般工商业用电价格的通知》</td><td>发改价格〔2015〕3105 号</td></tr>
</table>

续表

发布年份	政策文件	文件号
2016	《国家发展改革委关于全面推进输配电价改革试点有关事项的通知》	发改价格〔2016〕2018号
	《国家发展改革委 国家能源局关于印发〈售电公司准入与退出管理办法〉和〈有序放开配电网业务管理办法〉的通知》	发改经体〔2016〕2120号
	《国家能源局关于对拥有配电网运营权的售电公司颁发管理电力业务许可证（供电类）有关事项的通知》	国能资质〔2016〕353号
	《国家发展改革委关于印发〈省级电网输配电价定价办法（试行）〉的通知》	发改价格〔2016〕2711号
	《国家发展改革委 国家能源局关于印发〈电力中长期交易基本规则（暂行）〉的通知》	发改能源〔2016〕2784号
2017	《国家发展改革委 财政部 国家能源局关于试行可再生能源绿色电力证书核发及自愿认购交易制度的通知》	发改能源〔2017〕132号
	《国家能源局关于印发〈能源行业市场主体信用评价工作管理办法（试行）〉的通知》	国能发资质〔2017〕37号
	《国家发展改革委办公厅关于全面推进跨省跨区和区域电网输电价格改革工作的通知》	发改办价格〔2017〕1407号
	《国家发展改革委办公厅 国家能源局综合司关于开展电力现货市场建设试点工作的通知》	发改办能源〔2017〕1453号
	《国家发展改革委 国家能源局关于开展分布式发电市场化交易试点的通知》	发改能源〔2017〕1901号
	《国家能源局关于印发〈完善电力辅助服务补偿（市场）机制工作方案〉的通知》	国能发监管〔2017〕67号
	《国家发展改革委办公厅 国家能源局综合司关于开展分布式发电市场化交易试点的补充通知》	发改办能源〔2017〕2150号
	《国家发展改革委关于印发〈区域电网输电价格定价办法（试行）〉〈跨省跨区专项工程输电价格定价办法（试行）〉和〈关于制定地方电网和增量配电网配电价格的指导意见〉的通知》	发改价格规〔2017〕2269号
	《国家发展改革委 国家能源局关于有序放开发用电计划的通知》	发改运行〔2017〕294号
2018	《国家发展改革委关于降低一般工商业电价有关事项的通知》	发改价格〔2018〕500号
	《国家能源局关于进一步促进发电权交易有关工作的通知》	国能发监管〔2018〕36号
	《国家发展改革委办公厅关于清理规范电网和转供电环节收费有关事项的通知》	发改办价格〔2018〕787号
	《国家发展改革委 国家能源局关于积极推进电力市场化交易进一步完善交易机制的通知》	发改运行〔2018〕1027号

续表

发布年份	政策文件	文件号
2018	《国家发展改革委关于核定部分跨省跨区专项工程输电价格有关问题的通知》	发改价格〔2018〕1227号
	《国家发展改革委 国家能源局关于推进电力交易机构规范化建设的通知》	发改经体〔2018〕1246号
	《国家能源局综合司关于健全完善电力现货市场建设试点工作机制的通知》	国能综通法改〔2018〕164号
	《国家发展改革委办公厅 国家能源局综合司关于印发电力市场运营系统现货交易和现货结算功能指南（试行）的通知》	发改办能源〔2018〕1518号
2019	《国家发展改革委 国家能源局关于积极推进风电、光伏发电无补贴平价上网有关工作的通知》	发改能源〔2019〕19号
	《国家发展改革委 国家能源局关于规范优先发电优先购电计划管理的通知》	发改运行〔2019〕144号
	《国家发展改革委 国家能源局关于建立健全可再生能源电力消纳保障机制的通知》	发改能源〔2019〕807号
	《国家发展改革委 国家能源局关于印发〈输配电定价成本监审办法〉的通知》	发改价格规〔2019〕897号
	《国家发展改革委关于全面放开经营性电力用户发用电计划的通知》	发改运行〔2019〕1105号
	《国家发展改革委办公厅 国家能源局综合司印发〈关于深化电力现货市场建设试点工作的意见〉的通知》	发改办能源规〔2019〕828号
	《国家能源局印发〈关于加强电力中长期交易监管的意见〉的通知》	国能发监管〔2019〕70号
	《国家发展改革委关于降低一般工商业电价的通知》	发改价格〔2019〕842号
	《国家发展改革委 国家能源局关于加大政策支持力度进一步推进煤电联营工作的通知》	发改能源〔2019〕1556号
	《国家发展改革委关于做好2020年电力中长期合同签订工作的通知》	发改运行〔2019〕1982号
	《国家能源局印发〈关于加强电力中长期交易监管的意见〉的通知》	国能发监管〔2019〕70号
2020	《国家发展改革委 国家能源局关于印发〈电力中长期交易基本规则〉的通知》	发改能源规〔2020〕889号
	《国家发展改革委 国家能源局印发〈关于推进电力交易机构独立规范运行的实施意见〉的通知》	发改体改〔2020〕234号
	《国家发展改革委办公厅 国家能源局综合司关于做好电力现货市场试点连续试结算相关工作的通知》	发改办能源规〔2020〕245号

续表

发布年份	政策文件	文件号
2020	《国家发展改革委 国家能源局关于印发各省级行政区域2020年可再生能源电力消纳责任权重的通知》	发改能源〔2020〕767号
	《国家发展改革委关于核定2020～2022年区域电网输电价格的通知》	发改价格规〔2020〕1441号
	《国家发展改革委关于核定2020～2022年省级电网输配电价的通知》	发改价格规〔2020〕1508号
	《国家能源局关于印发〈电力现货市场信息披露办法（暂行）〉的通知》	国能发监管〔2020〕56号
2021	《国家发展改革委 国家能源局关于印发〈售电公司管理办法〉的通知》	发改体改规〔2021〕1595号
	《国家发展改革委关于进一步深化燃煤发电上网电价市场化改革的通知》	发改价格〔2021〕1439号
	《国家发展改革委办公厅关于组织开展电网企业代理购电工作有关事项的通知》	发改办价格〔2021〕809号
	《国家发展改革委 国家能源局关于绿色电力交易试点工作方案的复函》	发改体改〔2021〕1260号
	《国家发展改革委 办公厅 国家能源局综合司关于进一步做好电力现货市场建设试点工作的通知》	发改办体改〔2021〕339号
	《国家发展改革委关于2021年新能源上网电价政策有关事项的通知》	发改价格〔2021〕833号
2022	《国家发展改革委 国家能源局关于加快建设全国统一电力市场体系的指导意见》	发改体改〔2022〕118号
	《关于推动电力交易机构开展绿色电力证书交易的通知》	发改办体改〔2022〕797号
	《国家发展改革委等部门关于印发〈促进绿色消费实施方案〉的通知》	发改就业〔2022〕107号
	《国家发展改革委 国家能源局关于完善能源绿色低碳转型体制机制和政策措施的意见》	发改能源〔2022〕206号
	《国家发展改革委办公厅 国家能源局综合司关于进一步规范电力市场秩序加强电力交易监管的通知》	发改办能源〔2022〕271号
	《国家发展改革委 办公厅 国家能源局综合司关于有序推进绿色电力交易有关事项的通知》	发改办体改〔2022〕821号
	《国家发展改革委 国家统计局 国家能源局关于进一步做好新增可再生能源消费不纳入能源消费总量控制有关工作的通知》	发改运行〔2022〕1258号
2023	《国家发展改革委 财政部 国家能源局关于享受中央政府补贴的绿电项目参与绿电交易有关事项的通知》	发改体改〔2023〕75号

6. 北京市关于电力市场的相关政策有哪些？

为落实《中共中央 国务院关于进一步深化电力体制改革的若干意见》（中发〔2015〕9号）及配套文件等电力体制改革文件要求，国家能源局华北监管局、北京市城市管理委员会、北京市发展和改革委员会、国网北京市电力公司协同推进北京市电力体制改革工作，自2016年以来，在国家电力体制改革相关政策文件的基础上，结合北京地区电力市场特点，先后制定并出台了一系列北京地区电力交易的相关政策文件，初步建立了北京电力市场政策体系。相关政策文件可在国家能源局华北监管局、北京市城市管理委员会、北京市发展和改革委员会官网查询。北京市电力市场建设相关政策文件如表1.2所示。

表1.2　　北京市电力市场建设相关政策文件

发布年份	政策文件	文件号
2016	《华北能源监管局关于印发实施〈京津唐电网电力用户与发电企业直接交易暂行规则〉的通知》	华北监能市场〔2016〕354号
2017	《华北能源监管局关于修订〈京津唐电网并网发电厂调峰辅助服务补偿实施细则（试行）〉及〈华北区域并网发电厂辅助服务管理实施细则（试行）〉部分条款的通知》	华北监能市场〔2017〕18号
	《关于北京电网2017～2019年输配电价有关事项的通知》	京发改〔2017〕69号
2018	《北京市城市管理委员会关于印发北京市售电公司准入与退出管理实施细则的通知》	京管发〔2018〕70号
	《北京市城市管理委员会关于印发北京市电力用户准入与退出管理实施细则的通知》	京管发〔2018〕71号
	《北京市城市管理委员会关于做好北京市2018年电力直接交易工作的通知》	京管发〔2018〕81号
	《国家能源局华北监管局关于印发京津冀绿色电力市场化交易规则（试行）的通知》	华北监能市场〔2018〕497号
	《华北能源监管局关于印发〈华北电力调峰辅助服务市场运营规则（试运行版）〉的通知》	华北监能市场〔2018〕574号
	《关于调整本市输配电价有关问题的通知》	京发改〔2018〕1888号
2019	《北京市城市管理委员会关于北京市2019年电力直接交易工作安排的通知》	京管发〔2019〕7号
	《北京市城市管理委员会关于北京市电力中长期交易合同电量偏差免考核（试行）有关工作的通知》	京管发〔2019〕61号
	《北京市城市管理委员会关于第二批电力用户市场准入有关事项的通知》	京管发〔2019〕85号
	《华北能源监管局关于印发〈华北电力调峰辅助服务市场运营规则〉（2019年修订版）的通知》	华北监能市场〔2019〕257号

续表

发布年份	政策文件	文件号
2019	《华北能源监管局关于印发华北区域并网发电厂“两个细则”（2019 年修订版）的通知》	华北监能市场〔2019〕254 号
	《关于调整本市输配电价有关问题的通知》	京发改〔2019〕446 号
	《北京市发展和改革委员会关于调整本市输配电价有关问题的通知》	京发改〔2019〕757 号
2020	《北京市城市管理委员会关于北京市 2020 年电力市场化交易工作安排的通知》	京管发〔2020〕22 号
	《北京市城市管理委员会关于印发新修订的北京市电力用户准入与退出管理实施细则等文件的通知》	京管发〔2020〕27 号
	《北京市城市管理委员会关于北京市 2021 年电力市场化交易工作安排的通知》	京管发〔2020〕42 号
	《华北能源监管局关于印发〈京津唐电网电力中长期交易规则〉的通知》	华北监能市场〔2020〕221 号
	《华北能源监管局关于继续开展第三方独立主体参与华北电力调峰辅助服务市场试点工作的通知》	华北监能市场〔2020〕208 号
	《华北能源监管局关于印发〈京津唐电网电力中长期交易结算规则（试行）〉的通知》	华北监能市场〔2020〕250 号
	《华北能源监管局关于印发京津冀绿色电力市场化交易规则及配套优先调度实施细则的通知》	华北监能市场〔2020〕259 号
	《北京市发展和改革委员会关于调整本市输配电价有关事项的通知》	京发改〔2020〕1707 号
2021	《北京市城市管理委员会关于开展 2021 年 11 月、12 月电力直接交易有关工作的通知》	京管发〔2021〕30 号
	《北京市城市管理委员会关于北京市 2022 年电力市场化交易工作安排的通知》	京管发〔2021〕34 号
	《华北能源监管局关于印发北京地区用户侧合同电量转让交易细则（试行）的通知》	华北监能市场〔2021〕83 号
	《华北能源监管局关于印发〈华北电力调峰容量市场运营规则（暂行）〉的通知》	华北监能市场〔2021〕176 号
2022	《关于印发北京市 2022 年外购绿电交易工作实施方案的通知》	京管办发〔2022〕188 号
	《关于开展北京冬奥村居住区赛时绿电交易的通知》	京管办发〔2022〕12 号
	《北京市城市管理委员会关于印发北京市 2023 年电力市场化交易方案、绿色电力交易方案的通知》	京管发〔2022〕30 号

续表

发布年份	政策文件	文件号
2022	《关于调整2022年5～12月电力市场化交易偏差调节系数的通知》	京管办发〔2022〕202号
	《北京市“十四五”期间域外绿电保障实施方案》	京管发〔2022〕18号
2023	《北京市城市管理委员会关于北京市电力中长期交易偏差电量免责有关工作的通知》	京管发〔2023〕2号

7．首都电力交易中心发布的、目前正在执行的相关电力市场交易细则文件有哪些？

首都电力交易中心积极贯彻落实国家电力体制改革的决策部署，在市政府主管部门的正确领导下，全力推进北京电力市场各项工作，目前正在执行的相关政策文件可通过“首都电力交易中心”微信公众号下载查看。首都电力交易中心发布的相关通知文件如表1.3所示。

表1.3　首都电力交易中心发布的相关通知文件

政策文件	文件号
《关于优化调整北京地区工商业用户市场注册有关事项的说明》	首都交易〔2022〕8号
《关于调整北京地区工商业用户第一季度市场化注册窗口期的通知》	首都交易〔2022〕9号
《关于印发〈北京市电力市场履约保障凭证管理工作指引（试行）〉的通知》	首都交易〔2022〕11号
《关于发布〈北京电力市场电力用户信息变更流程及相关要求（2022版）〉的通知》	首都交易〔2022〕20号
《北京地区市场化购售电合同结算补充协议（2023年）》	首交结算〔2022〕2号
《北京地区2023年市场化直接交易结算指引》	首交结算〔2022〕3号
《北京地区电力零售结算关键参数变更备案单（2023年）》	/

8．为什么要建立电力交易机构？

交易制度安排是世界各国电力市场化改革的核心和要害，也是现代电力系统重要的公共环节。要实现发用电各方自主交易和电价由市场决定，重要的是要有一个专门的交易场所和平台，为此需要建立独立的电力交易机构。

9．电力交易机构组建的指导思想和基本原则是什么？

（1）电力交易机构组建的指导思想：坚持市场化改革方向，适应电力工业发展客观要求，以构建统一开放、竞争有序的电力市场体系为目标，组建相对独立的电力交易机构，搭建公开透明、功能完善的电力交易平台，依法依规提供规范、可靠、高效、优质的电力交易服务，形成公平公正、有效竞争的市场格局，促进市场在能源资源优化配置中发挥决定性作用和更好发挥政府作用。

（2）电力交易机构组建的基本原则：

平稳起步，有序推进。根据目前及今后一段时期我国电力市场建设目标、进程及重点任务，立足于我国现有网架结构、电源和负荷分布及其未来发展，着眼于更大范围内资源优化配置，统筹规划、有序推进交易机构组建工作，建立规范运行的全国电力交易机构体系。

相对独立，依规运行。将原来由电网企业承担的交易业务与其他业务分开，实现交易机构管理运营与各类市场主体相对独立。依托电网企业现有基础条件，发挥各类市场主体积极性，鼓励具有相应技术与业务专长的第三方参与，建立健全科学的治理结构。各交易机构依规自主运行。

依法监管，保障公平。交易机构按照政府批准的章程和规则，构建保障交易公平的机制，为各类市场主体提供公平优质的交易服务，确保信息公开透明，促进交易规则完善和市场公平。政府有关部门依法对交易机构实施监管。

10. 国家对电力交易机构独立规范运行的要求是什么？

《中共中央 国务院关于进一步深化电力体制改革的若干意见》（中发〔2015〕9号）文件提出，原先由电网企业承担的交易业务与其他业务进行分离，实现交易机构相对独立运行，形成公平规范的市场交易平台。电力交易机构按照政府批准的章程和规则为电力市场交易提供服务，相关政府部门依据职责对电力交易机构实施有效监管。《国家发展改革委 国家能源局印发〈关于推进电力交易机构独立规范运行的实施意见〉的通知》（发改体改〔2020〕234号）文件在交易机构独立运行基础上进一步提出了要求，直接给出了量化的股比和工作时间表。在股比上，要求单一股东持股比例不得超过50%，通过股比在根本上保证电力交易机构的独立性。在工作时间表上，要求2020年底前电网企业必须完成降低股比的要求。此外，在融合方面，要求京津冀、长三角、珠三角等地区交易机构相互融合，适应区域经济一体化要求。其次对交易机构的人、财、物提出了具体要求。对于人，自2020年起，新进普通工作人员一律市场化选聘，高管可由股东推荐，但必须由董事会聘任，尽量避免股东通过指派人员干预交易机构正常工作；对于物，应明晰资产管理关系，如交易机构现阶段尚不能立刻与电网企业划分共享的信息系统、交易系统等资产，继续使用需得到市场管理委员会的同意，将交易机构使用不能一步划分到位资产的行为置于市场管理委员会的监督之下；对于财，存在共享资产的交易机构暂不能收取交易费，相

关费用计入输配电价大盘子，但需要单独列支，具备条件的交易机构，在不与电网企业共用资产的前提条件下，经市场管理委员会同意可收取交易费。

11．电力交易机构有哪些组织形式？有哪些第三方机构可以参与交易机构组建工作？

电力交易机构可以采取电网企业相对控股的公司制、电网企业子公司制、会员制等组织形式。电力市场成熟度高的地区，交易机构应采取独立性更强的组织形式。

电网企业相对控股的公司制交易机构，由电网企业相对控股，第三方机构及发电企业、售电企业、电力用户等市场主体参股。支持国内证券期货交易机构、电力市场相关研究机构及电子商务企业等第三方参与电力交易机构组建工作。

12．电力交易机构的人员构成及收入来源是什么？

电力交易机构的人员以电网现有人员为基础，根据业务发展需要，公开选聘，择优选取，不断充实；高级管理人员由市场管理委员会推荐，依法依组织程序聘任。

13．电力交易机构在北京电力市场的主要职责是什么？

电力交易机构是不以营利为目的，按照政府批准的章程和规则为市场主体提供公平规范电力交易服务的专业机构。

首都电力交易中心主要负责电力中长期市场的建设和运营管理，负责市场主体注册管理、市场分析预测、交易组织、交易合同管理、交易计划编制与跟踪、交易结算、信息发布、市场评估和风险防控、合规管理和市场服务等，负责电力交易平台的建设、运营和管理，配合调度机构组织开展现货交易。

14．电力交易机构的权利和义务是什么？

电力交易机构负责参与拟定电力交易规则；提供各类市场主体的注册服务；按照规则组织电力市场交易，并负责交易合同的汇总管理；提供电力交易结算依据以及相关服务，按照规定收取交易服务费；负责建设、运营和维护电力交易平台；按照电力企业信息披露和报送等有关规定披露和发布信息，提供信息发布平台，为市场主体信息发布提供便利，获得市场成员提供的支撑市场化交易以及服务需求的数据等；配合国家能源局以及派出机构和政府主管部门对市场规则进行分析评估，提出修改建议；监测和分析市场运行情况，依法依规干预市场，预防市场风险，并于事后向监管机构和政府相关部门及时报告；对市场主体违反交易规则、扰乱市场秩序等违规行为进行报告并配合调查等。

15．电力交易机构收取交易手续费是否会造成电价上涨？

市场建设初期，交易规模处于起步阶段，电力交易机构原则上不收取交易手续费，日常运行所需资金由各股东或会员单位按出资比例进行分摊。条件成熟后，可收取交易手续费，具体标准由电力市场管理委员会议定，按程序批准或同意后执行。

电力交易机构收取交易手续费不会造成电价上涨，主要原因：首先，现有模式下的交易成本隐藏在电网购销差价中，交易机构独立后只是将交易成本透明化，可考虑在核定电网企业输配电价时扣除该部分交易成本。其次，交易机构收费在市场主体电费中的比例较小，不至于造成电价上涨。根据国际经验，交易相关费用仅占电能单价的1‰～2‰。建立市场化的交易机制和价格形成机制，将提高能源利用效率，降低成本，所降低的成本会远远大于为保障交易机构正常运转所收取的交易相关费用。最后，交易机构不以营利为目的，收取交易手续费形成的当期盈余会在下期返还市场交易主体。

16．北京电力交易中心与各省级电力交易中心的职责分工分别是什么？

自《中共中央 国务院关于进一步深化电力体制改革的若干意见》（中发〔2015〕9号）发布以来，国网经营区域内共建有28个电力交易中心，包括北京电力交易中心和27个省（区、市）电力交易中心。交易机构采取两级运作的管理模式，其中：

北京电力交易中心主要负责省间电力市场的建设和运营，负责落实国家计划、地方政府间协议，开展市场化跨区跨省交易，促进清洁能源大范围消纳，逐步推进全国范围内的市场融合，未来将推动开展电力金融交易。

省级电力交易中心负责省内电力市场的建设和运营，开展省内电力用户直接交易、省内发电权交易等，配合落实省间交易，保障省内供需平衡。

北京电力交易中心向省级电力交易中心提供业务指导和帮助，各省级电力交易中心独立开展省内电力交易，配合北京电力交易中心开展省间交易。

17．电力市场的定义是什么？

电力市场包括广义和狭义两种含义。广义的电力市场是指电力的生产、传输、使用和销售关系的总和，包括电力中长期交易市场、电力现货市场、电力辅助费服务市场、容量市场及金融市场等。狭义的电力市场是指具有竞争性这一特性的电力市场，是电能生产者和使用者通过协商、竞价等方式就电能及相关产品进行交易，通过市场竞争确定价格和数量的一种机制。

18．电力市场与普通商品市场的区别是什么？

电力商品的本质是电能，相较于其他商品最本质的区别在于其自然属性和社会属性。

电力商品具有无仓储性。电能的生产、交割和消费几乎是同时完成的，其交割速度远快于一般商品，因此，不存在像一般商品一样一手交钱一手交货的交易方式。

电力商品具有同质性。电能不带有任何生产者的标识，电能生产者将生产的电能输入电网，即完成了生产过程；而电能的使用者也只能从电网获取所需数量的电能，电能生产者和消费者可以达成交易，但在电能实际生产和消费过程中不存在对应性。

电力商品具有可预测性。电能需求在较长周期内会以日或周为单位呈现周期性波动，一定程度上抑制了投机行为，但也增加了市场主体滥用市场力的几率。

19. 电力市场包含哪些关键要素？

电力市场包含六个要素，分别为市场主体、市场客体、市场载体、市场电价、市场规则和市场监管等。

（1）市场主体。电力市场的市场主体与其他商品市场一样，也是商品的生产者、消费者、市场的经营和管理者。在传统电力系统的供售环节，用户是被动接受的，而在真正意义上的电力市场，用户应具备自主选择能力和主观能动性。需要指出的是，电力市场中的成员可以根据需要转换供电和受电的角色。

（2）市场客体。一般的商品市场的市场客体指的是用以交易的商品。在电力市场中，交易的客体不局限于电能，还包括电力的辅助服务或者期权等，这与电力市场的发展相关联。与其他商品市场另有不同的是，电能的生产、传输、消费是同时的，难以大量存储，在完成交易的同时还需考虑供需的动态平衡。

（3）市场载体。一般的商品市场的市场载体指的是发生交易的场所设施、仓储设施、运输设施、管理机构、通信机构等。电力市场的市场载体则是电力网络及其管理系统，通常来说，其管理运营由国家或其委托的公司统一管理。

（4）市场电价。市场电价是电力市场中电能交易的价格，是电力市场中的核心和杠杆。电价是电力市场中供需关系变化最敏感的信号，亦是管控电力市场的重要工具之一。与其他商品价格一样，电价也具有自发性和盲目性的特征，因此为维护公平竞争和价格水平稳定，对电价的调控监管必不可少，而对电价调控监管则离不开对其形成机制和结构的研究。

电价的形成机制遵循市场规律，由电能本身价值和供需调节而定，电价的结构包括电价组成和电价体系。电价由市场成本、期间费用、利润和税金 4 个部分组成，电价体系指电价之间的比价关系、差价关系和其他内在价值联系，其关系会随国民经济的运动而受到影响。

（5）市场规则。电力市场的市场规则是对电力市场的管理规范，是每个电力交易者必须遵行的交易准则，由市场的管理者进行制定和完善，必要时可以通过国家立法的形式进行制定。

（6）市场监管。电力市场的市场监管指根据市场规则，通过法律、行政、经济和媒体等方式，对电力市场的运行进行监督管理的过程。

20．电力市场的基本特征是什么？

电力市场具有四个典型的特征，分别是竞争性、开放性、计划性和协调性。与传统的垂直一体化垄断的电力系统相比，电力市场具有竞争性及开放性，而与日常商品市场相比，电力市场具有特有的协调性和计划性。电力系统的各环节是相互密切联系的，任一参与方的操纵都会对电力系统产生一定的影响。因此，为了使电力系统能够稳定运行，电力市场中电力生产、利用、调配都具有计划性。同时，电力系统还必须随时随地做到供需平衡，因此电力市场中的发电企业之间、发电企业和用户负荷之间需要做到相互协调。

21．电力市场的构成是什么？

电力市场主要由中长期市场和现货市场构成。中长期市场主要开展多年、年、季、月、周等日以上电能量交易和可中断负荷、调压等辅助服务交易。现货市场主要开展日前、日内、实时电能量交易和备用、调频等辅助服务交易。条件成熟时，探索开展容量市场、电力期货和衍生品等交易。

22．电力市场主体有哪些？

电力市场主体包括各类发电企业、供电企业、售电企业和电力用户等。各类市场主体均应满足国家节能减排和环保要求，符合产业政策要求，并在交易机构注册。参与跨省跨区交易时，可在任何一方所在地交易平台参与交易，也可委托第三方代理。

23．什么是电力市场体系？

电力市场体系是由政府监管下各类电力细分市场有机组合而成的群体系统，包括为构建各细分市场有机结合而建立的各关联机制，即完整的电力市场通常由多个子市场共同构成，各子市场的集合即为电力市场体系。各个细分市场因其市场架构、市场主体、交易对象、交易类型和价格形成机制不同，彼此独立而又相互关联。因此电力市场体系中各类市场相互联系、相互制约，推动整个能源电力经济的发展。

24．电力市场有哪些维度，是如何进行划分的？

电力市场体系中各类市场的划分有不同的维度，一般包括交易数量和额度、市场性质、交易品种、时间、竞争模式等维度。

（1）按交易数量和额度划分，电力市场可以划分为电力批发市场和电力零售市场。

1）电力批发市场。发电企业与大用户之间开展大宗电力商品直接交易的行为一般称为批发，对应的市场为电力批发市场，其交易电量和功率较大。参与电力批发市场的市场主体一般包括发电企业、售电企业（代理不直接参与电力批发市场的电力用户）和电力大用户。发电企业卖电，售电企业、电力大用户买电。

2）电力零售市场。供电公司、售电公司面向代理用户的销售行为一般都称为零售，其交易电量和功率相对较小。对应的电力零售市场界定为供电公司、售电公司和中小用户（包括不愿意参与电力批发市场的大用户）之间进行电力交易的市场。供电公司、售电公司通常通过电力批发市场从发电企业处购买电能，再通过电力零售市场向零售用户出售电力商品。

（2）按市场性质划分，电力市场可以划分为实物市场与金融市场。一般而言，实物市场与金融市场可以通过产品类型和市场主体的意图两个方面加以辨识。电力实物市场建设几乎是各国各地电力市场建设的重心，建设运营中普遍接受电力行政主管部门或监管机构的监管；电力金融市场严格意义上要接受金融监管机构的监管。

1）电力实物市场。它是以电能量及其相关服务产品交割为目的的各类细分市场的总和，包含电力生产、传输等环节相关的自然资源、基础设施、市场制度和市场主体，同时也包含实体商品的交易、交割及结算等。由于电力实物市场涉及电力实物商品的交割，因此实物市场的交割通常涉及实物商品的生产与输送环节，电力实物市场的范围受电网覆盖范围的严格制约。

2）电力金融市场。它涉及能源电力衍生出的金融产品的交易行为，具有金融衍生属性，包括市场结构与相关的制度安排、市场主体、产品与交易，同时也具备其特有的供求驱动因素。电力金融市场合同通常不涉及电力实物商品的交割，取而代之的是现金的交割。

（3）按交易品种划分，电力批发市场可划分为电能量市场、发电容量市场、电力辅助服务和输电权市场，各类市场相互联系、相互制约。

1）电能量市场。它是电力市场中以有功功率电能量为交易标的物的市场。

2）发电容量市场。它是指以可靠性装机容量为交易标的物的市场。容量市场的主要目的是保证系统总装机容量的充裕性，并为提供了可靠装机容量的机组给予必要的补偿。

3）电力辅助服务市场。它是指为维护电力系统的安全稳定运行、保证电能质量，除正常电能生产、输送、使用以外，由发电厂商、电网企业和电力用户等提供的服务。常见的电力辅助服务品种包括调频、备用、调压、黑启动等。相应地，电力辅助服务市场是指以调频、备用等各类辅助服务为交易标的物的市场，据此，电力辅助服务市场又进一步分为调频市场、备用市场、黑启动市场等。随着细分程度提高，辅助服务的品种还在不断创新。

4）输电权市场。它是以网络的输电权为标的物进行交易的市场。输电权包括物理输电权、金融输电权。

（4）按时间维度划分，电力市场可划分为电力现货市场和电力中长期市场。

1）电力现货市场。它是指安排次日（或未来24h）发用电计划、为实现日内发用电计划滚动调整以及为保证电力供需实时平衡而组织的电力交易市场的总和。按照交易时间，现货市场一般可进一步分为日前市场和实时市场；此外，也可分为日前市场、日内（小时前）市场、实时平衡市场，或者只将日前市场称为现货市场。

2）电力中长期市场。它是指开展多日以上较长周期电能量交易的市场，考虑到电力供需波动的周期性和电能生产组织的时段性，电力中长期市场一般可组织多年、年、季、月、周等多日以上的电力交易。

（5）按电力市场中参与者之间的竞争模式划分，电力市场可划分为单边市场和双边市场。

1）单边市场。它是指进行单向交易模式的电力市场。其主要特点为单边交易、强制进场。市场成员只能以单向交易的方式与电网调度机构售卖电，即调度机构替用电方进行招标采购，代发电方投标售电，而不允许双方直接交易的市场。

2）双边市场。它是指采用双边交易与平衡机制的市场。其主要特点为交易自由、责任自负。市场主体具有自由选择交易对象、交易场所、交易方式的权利。在交易中，发电方与用电方能够自主决定各项交易事项，因而双方需承担电量不平衡责任，由市场管理机构进行监督。

25. 京津唐地区电力市场运营模式是什么？

河北省在电网结构上分为河北南部电网和北部电网，南部电网隶属国网河北省电力有限公司，北部电网连同国网北京市电力公司、国网天津市电力公司共同归属于国家电网有限公司华北分部，被称为京津唐电网，由华北电力调度控制中心进行统管。参与京津唐地区市场化交易的发电资源主要集中在天津、冀北地区，由北京电力交易中心统一协调组织开展交易，三地交易中心主要开展本地用户注册、结算等服务。

26. 为什么要建立全国统一电力市场?

第一，建设全国统一电力市场是形成电力行业运行新模式的关键节点。在《中共中央 国务院关于进一步深化电力体制改革的若干意见》(中发〔2015〕9号)指引下，我国发用电计划逐渐放开，市场化电量比重大幅提升，电力资源配置方式逐步由计划向市场模式转变，电力行业运行边界和基础条件不断发生变化。2021年9月，国家发展改革委又相继印发了《国家发展改革委关于进一步深化燃煤发电上网电价市场化改革的通知》(发改价格〔2021〕1439号)和《国家发展改革委办公厅关于组织开展电网企业代理购电工作有关事项的通知》(发改办价格〔2021〕809号)，要求燃煤发电电量原则上全部进入市场、有序推动工商业用户全部进入市场，进一步推进了电力市场化改革。电力市场在“计划”“市场”此消彼长的演进过程中，市场空间逐渐扩大，市场主体更加多元，传统电力行业运行模式已难以满足日益增长的市场需求，亟需理顺电力市场关键边界，充分发挥市场机制在优化电力资源配置和促进上下游产业协同发展中的作用，提高电力行业运行效率，助力碳达峰、碳中和目标实现。

第二，建设全国统一电力市场是构建新型电力系统和实现双碳目标的重要抓手。在落实“双碳”目标和构建新型电力系统中，新能源逐步成为系统电量供应主体，系统不确定性大大增加，电力系统运行特性显著变化、电力电量平衡更加复杂。为充分消纳清洁能源发电量，必须依托大电网、构建大市场，加快建立适应新型电力系统运行特点的市场机制，统筹利用全网调节资源、深度挖掘消纳空间，为实现清洁能源高效利用提供制度保障。另一方面，在新型电力系统电力商品低边际成本、高系统成本的变化趋势下，电力商品的电能量属性难以全面反映其真实价值，需要设计体现安全稳定价值、容量价值、环境价值等不同属性的交易品种，通过辅助服务市场、容量成本回收机制等补偿灵活调节资源收入，激发市场主体活力。

第三，建设全国统一电力市场是构建新发展格局、建设高标准市场体系的重大助力。2020年5月以来，习近平总书记多次就构建以国内大循环为主体、国内国际双循环相互促进的新发展格局作出部署。建设高标准市场体系是加快完善社会主义市场经济体制、服务新发展格局构建的重要内容。党的十九届四中全会提出“建设高标准市场体系”;十九届五中全会要求“形成强大国内市场”“构建高水平社会主义市场经济体制”;2022年初，中共中央办公厅、国务院办公厅印发《建设高标准市场体系行动方案》，明确了我国高标准市场体系建设的行动纲领。电力市场建设服务于国家发展战略，落实国家重大决策部署，亟需加快构建全国统一开放、竞争有序的电力商品和要素市场体系，探索符合我国国情、具有可操作性的中国特色市场建设发展道路。

27．全国统一电力市场建设的总体目标是什么？

到 2025 年，全国统一电力市场体系初步建成，国家市场与省（区、市）/区域市场协同运行，电力中长期、现货、辅助服务市场一体化设计、联合运营，跨省跨区资源市场化配置和绿色电力交易规模显著提高，有利于新能源、储能等发展的市场交易和价格机制初步形成。到 2030 年，全国统一电力市场体系基本建成，适应新型电力系统要求，国家市场与省（区、市）/区域市场联合运行，新能源全面参与市场交易，市场主体平等竞争、自主选择，电力资源在全国范围内得到进一步优化配置。

28．什么是电力中长期市场？

电力中长期市场是指符合准入条件的发电企业、售电企业、电力用户和电力辅助服务提供商等市场主体，通过自主协商、集中竞价等方式，开展多年、年、季、月、周等日以上的电力交易。

29．什么是电力现货市场？

电力现货市场是日前及更短时间内考虑供需平衡和安全约束的电力产品交易的市场。电力现货市场又分为日前市场、日内市场和实时市场。其中，日前市场是指于运行日的前一日以 1d 为时段组织交易的电能量市场。日内市场是日前市场关闭后市场成员进行发用电计划微调的平台。实时市场是在实际运行前 5～15min 组织的电力实时交易平台，为电量供给和阻塞管理提供经济信号。

30．电力中长期市场与现货市场的相互关系是什么？

国家政策对电力中长期市场与现货市场的关系进行了界定。《中共中央 国务院关于进一步深化电力体制改革的若干意见》（中发〔2015〕9 号）的第二个配套文件《关于推进电力市场建设的实施意见》在“总体要求”中将电力中长期市场与现货市场的关系描述为“具备条件的地区逐步建立以中长期交易为主、现货交易为补充的市场化电力电量平衡机制；逐步建立以中长期交易规避风险，以现货市场发现价格，交易品种齐全、功能完善的电力市场”。

现货市场交易实时电能，交易机制相对复杂，出清价格波动大，交易风险和机遇并存。中长期市场交易规避现货价格波动风险。通常中长期市场合同电量作为“压舱石”，是电力安全稳定运行的重要保障，现货市场作为中长期市场的补充和偏差调整的手段。

31．什么是电力市场辅助服务？包含哪些内容？

电力市场辅助服务是指为维护电力系统的安全稳定运行，保证电能质量，除正常电能生产、输送、使用外，由发电企业、电网经营企业和电力用户提供的服务，包括：一次调频、自动发电控制（AGC）、调峰、无功调节、备用、黑启动服务等。而随之形成的机制规则和开展的交易就是电力辅助服务市场，从参与主体来看，辅助服务市场与目前电力市场中正在开展的电能量交易相类似。

32. 什么是电力辅助服务市场？

电力辅助服务市场是遵循市场原则对提供电力辅助服务的主体因提供产品或服务发生的成本进行经济补偿的一种市场机制。对应不同的辅助服务调用方式，补偿机制可以分为基于统计成本和基于市场价格两种。

基于统计成本的方式是通过对历史数据的分析，测算得到不同类型机组提供辅助服务的平均成本，以此为依据设定补偿价格。但随着多种非发电资源的引入和技术的不断进步，辅助服务成本变化日趋复杂，统计得到的成本难以精确地反映实际发生的成本。

基于市场价格的方式是通过组织市场竞争，按市场出清的边际价格结算辅助服务费用。在经济学上已证实，按边际价格结算是促使市场成员按自身边际成本报价的有效手段，这种方式避开了辅助服务成本信息不对称和繁杂而不精确的成本统计分析，以经济利益驱动市场成员体现其提供辅助服务的成本，从而达到资源优化配置的目的。

随着可再生能源的发展，目前国际上电力辅助服务市场机制研究的重点在于如何激励多元化市场主体，为电力系统提供充裕的灵活性电力资源，以应对可再生能源发电对系统电力平衡和安全稳定运行的影响。

33. 什么是负荷聚合商？

负荷聚合商是由需求响应发展而新生的服务企业，主要是为用户提供专业的需求响应技术和高效咨询服务，其通过聚合需求响应资源并代理参与需求响应容量、电能量竞价获得收益。

从系统运行角度上看，负荷聚合商被看作是一个大型的发电商，类似于虚拟电厂或负荷资源，负荷聚合商使系统在获取有功调节、电压控制与平衡机制等辅助服务产品方面具有更多选择，从而降低系统的运营成本。

从负荷的角度上看，负荷聚合商主要包含两个方面。一方面是向中小型用户提供一个参与市场调节的机会。中小型用户负荷弹性水平达不到参与需求响应的最低水平，很难参与电力交易。负荷聚合商作为一个中介机构，可以整合用户需求响应资源并将它们引入市场交易，使得闲置的负荷资源发挥作用，同时也为其他电力系统参与者带来利益。另一方面，负荷聚合商通过专业的技术手段充分发掘负荷的需求响应潜力，在负荷聚合商的帮助和指导下，可以形成科学的用电方式，提高终端用电设备的用电效率。

因此，负荷聚合商作为其他电力系统的参与者和需求响应资源之间的中介，不仅要整合需求响应资源并提供市场入口，同时还要和其他电力系统参与者交易，收集需求并响应市场。

34．什么需求侧管理？

需求侧管理是指电力供需双方共同对用电市场进行管理，以达到提高供电可靠性，减少能源消耗及供需双方费用支出的目的，其内容包括负荷控制和管理与远方抄表和计费自动化管理两方面。电力需求侧管理由政府主导，电网公司为主要实施推广单位，以经济激励为主要手段，引导和刺激广大电力用户优化用电方式，提高终端用电效率。

35．什么是虚拟电厂技术？虚拟电厂的商业运营模式是什么？

虚拟电厂是一种通过先进信息通信技术和软件系统，实现储能系统、可控负荷、电动汽车等的聚合和协调优化，作为一个特殊电厂参与电力市场和电网运行的电源协调管理系统。

虚拟电厂的业务场景主要有辅助服务交易、需求侧响应、现货交易与能效优化。当前国内虚拟电厂主要通过辅助服务补贴和需求侧响应获取收益。随着电力中长期市场、现货市场、绿电市场和辅助服务市场逐步放开，虚拟电厂可作为独立主体参与调节性市场和电能量市场，极大丰富了虚拟电厂的商业模式。

36．什么是储能？储能有哪些形式？是否可以参与市场化交易？

储能是指通过介质或设备把能量存储起来，在需要时再释放的过程，通常储能主要指电力储能。按照能量储存方式，储能可分为物理储能、化学储能、电磁储能三类，其中物理储能主要包括抽水蓄能、压缩空气储能、飞轮储能等，化学储能主要包括铅酸电池、锂离子电池、钠硫电池、液流电池等，电磁储能主要包括超级电容器储能、超导储能。新型储能具有响应快、配置灵活、建设周期短等优势，可在电力运行中发挥顶峰、调峰、调频、爬坡、黑启动等多种作用，是构建新型电力系统的重要组成部分。

2022 年 5 月 24 日，国家发展改革委办公厅、国家能源局综合司印发《国家发展改革委办公厅 国家能源局综合司关于进一步推动新型储能参与电力市场和调度运用的通知》（发改办运行〔2022〕475 号），其中提到“具备独立计量、控制等技术条件，接入调度自动化系统可被电网监控和调度，符合相关标准规范和电力市场运营机构等有关方面要求，具有法人资格的新型储能项目，可转为独立储能，作为独立主体参与电力市场……加快推动独立储能参与中长期市场和现货市场……独立储能电站向电网送电的，其相应充电电量不承担输配电价和政府性基金及附加……鼓励独立储能按照辅助服务市场规则或辅助服务管理细则，提供有功平衡服务、无功平衡服务和事故应急及恢复服务等辅助服务，以及在电网事故时提供快速有功响应服务”。

37．为什么要建立电力市场管理委员会？

电力市场管理委员会是一个自治性议事机构，由在交易机构注册的市场主体按类别推荐代表组成，目的是维护市场的公平、公正、公开，保障市场主体的合法权益，提出的各项电力市场建设建议充分体现各方意愿。

38．电力市场管理委员会的组成和职责是什么？

电力市场管理委员会由电网企业、发电企业、售电企业、电力用户、交易机构、第三方机构等各方面代表组成，是独立于交易机构的议事协调机制。电力市场管理委员会的主要职责包括：一是研究讨论交易机构组件方案和章程；二是研究提出电力市场建设建议，参与起草（修订）、研究讨论电力市场运营规则及相关实施细则；三是研究推荐交易机构高级管理人员；四是组织召开相关会议，研究讨论涉及市场主体利益的重要事项，听取市场主体诉求，提出合理意见建议；五是监督电力市场运营情况和交易规则执行情况，并及时反映；六是根据工作需要，由政府部门和市场主体授权履行其他职责。目前京津唐地区，除冀北地区外，北京、天津两地尚未建立本地的电力市场管理委员会。

39．市场管理委员会主任委员的提名方式是什么？

区域性电力交易机构对应的市场管理委员会主任委员由国家发展改革委、国家能源局提名，省（自治区、直辖市）交易机构对应的市场管理委员会主任委员由国家能源局派出机构和所在地区政府有关部门提名，由各自市场管理委员会投票表决。原则上同一主任委员不得连任超过两届任期。

40．哪些用户属于经营性电力用户？

除居民、农业、重要公用事业和公益性服务等行业电力用户以及电力生产供应所必需的厂用电和线损之外，其他电力用户均属于经营性电力用户。

41．经营性电力用户是否都可以参与电力市场交易？

不是。经营性电力用户中，不符合国家产业政策的电力用户暂不参与市场化交易，产品和工艺属于《产业结构调整指导目录》中淘汰类和限制类的电力用户严格执行现有差别电价政策。符合阶梯电价政策的企业用户在市场化电价的基础上继续执行阶梯电价政策。

42．经营性电力用户参与市场化交易的方式是什么？

经营性电力用户参与市场化交易的主要形式包括直接参与、由售电公司代理参与、其他各地根据实际情况研究明确的市场化方式等。

43. 电力市场主体信用评价的工作依据是什么？

为规范市场主体的交易行为，降低电力市场交易风险，维护社会公共利益和市场主体合法权益，按照《国家发展改革委 国家能源局关于积极推进电力市场化交易进一步完善交易机制的通知》（发改运行〔2018〕1027号）、《国家发展改革委 国家能源局印发〈关于推进电力交易机构独立规范运行的实施意见〉的通知》（发改体改〔2020〕234号）、《国家发展改革委关于进一步深化燃煤发电上网电价市场化改革的通知》（发改价格〔2021〕1439号）、《国家发展改革委 国家能源局关于印发〈售电公司管理办法〉的通知》（发改体改规〔2021〕1595号）等文件的相关要求，北京电力交易中心及各省级电力交易中心联合开展国家电网公司经营区域内电力市场主体交易信用评价。

44. 电力市场主体信用评价的评价对象是什么？

电力市场主体信用评价的评价对象为已获得电力市场准入、在电力交易平台注册生效，并在评价当年参加过电力交易的全部发电企业、售电公司、电力用户等市场主体。

45. 电力市场主体信用评价的工作流程是什么？

依据《北京电力交易中心电力市场主体交易信用评价指标体系》（2022年版）文件要求，电力交易机构结合交易工作实际，定期发起信用评价工作，依托电力交易平台归集相关数据和信息，计算形成评价结果并公示、发布。原则上，每年度至少开展一次信用评价，条件成熟的可缩短评价周期。

营销、调度、财务、企协等部门应按照指标体系信用评价数据需求，及时提供市场主体调度纪律遵守情况、电费缴纳及社会信用记录等情况。市场主体应按照指标体系信用评价数据需求，及时提交企业社会信用、财务状况等数据及证明材料，对其真实性、有效性负责。

两级电力交易中心要依托电力交易平台，实现信用评价信息共享。按照“谁结算、谁评价”原则，由负责出具市场主体结算依据的电力交易中心组织开展参与其电力交易的市场主体的信用评价工作，计算信用评价分值，确定信用评价结果，形成信用评价报告。参与多个市场的市场主体，由负责出具结算依据的电力交易中心分别评价。评价结果推送北京电力交易中心，同步公示同步发布。

电力交易机构应妥善保存市场主体信用评价档案，实现评价结果可追溯，可查询。评价档案应包括被评价市场主体承诺书、信用评价依据的原始数据资料、初评报告、终评报告等。评价档案应至少保存3年。

46. 电力市场主体信用评价的评价内容有哪些？

电力市场主体信用评价分为场内评价和场外评价，场内评价参评市场主体在市场交易中的表现和行为，涉及市场化交易能力、交易情况、合同履行、运行管理、信息公开等方面的评价；场外评价参评市场主体的财务状况和社会信用状况。

47. 电力市场主体信用评价的评价周期是多长时间？

电力交易中心结合交易工作实际，定期或不定期地发起信用评价工作，定期的周期不超过 1 年，依托电力交易平台归集相关数据和信息，计算形成评价结果并公示、发布。

48. 电力市场主体信用评价的评价方法是什么？

按照“谁结算、谁评价”原则，应由负责出具市场主体结算依据的电力交易中心组织开展参与其电力交易的市场主体的信用评价工作，包括制定、修订指标体系，收集信用评价数据，计算信用评价分值，确定信用评价结果并进行分级，形成信用评价报告，进行结果公示和发布。

第二章

市场主体准入与退出

1．北京电力市场主体准入与退出管理执行的政策依据是什么？

首都电力交易中心依据《国家发展改革委 国家能源局关于印发〈电力中长期交易基本规则〉的通知》（发改能源规〔2020〕889号）开展北京地区市场主体准入与退出工作，其中售电公司还需要遵守《国家发展改革委 国家能源局关于印发〈售电公司管理办法〉的通知》（发改体改规〔2021〕1595号）、《北京市城市管理委员会关于印发北京市售电公司准入与退出管理实施细则的通知》（京管发〔2018〕70号）中的相关规定。北京地区电力用户的注册需要参照《关于优化调整北京地区工商业用户市场注册有关事项的说明》（首都交易〔2022〕8号）执行。

2．发电企业参与电力中长期交易的准入条件是什么？政策依据是什么？

发电企业参与电力中长期交易的准入条件包括三点：一是依法取得发电项目核准或者备案文件，依法取得或者豁免电力业务许可证（发电类）；二是并网自备电厂应公平承担发电企业社会责任、承担国家依法依规设立的政府性基金及附加以及与产业政策相符合的政策性交叉补贴，取得电力业务许可证（发电类），达到能效、环保要求，可作为市场主体参与市场化交易；三是分布式发电企业符合分布式发电市场化交易试点规则要求。主要参考的政策依据是《国家发展改革委 国家能源局关于印发〈电力中长期交易基本规则〉的通知》（发改能源规〔2020〕889号）。

3．发电企业申请入市所需提交的资料有哪些？

发电企业在与电网签订并网调度协议后，持以下材料到电力交易中心办理入市登记注册手续：

（1）电力交易市场成员注册/退出申请表-直购电厂信息；

（2）电力交易市场成员注册/退出申请表-机组信息；

（3）电厂概况；

（4）电厂主设备参数表；

（5）电能计量装置配置情况台账；

（6）电厂主接线图及计量点图示；

（7）电厂近三年年度综合厂用电率、年度综合煤耗；

（8）合同签订授权委托书；

（9）工作联系人及通信方式；

（10）电价批复文件；

（11）企业营业执照正、副本；

（12）电力业务许可证正、副本；

（13）新建机组整套设备启动验收报告书；

（14）发展改革委项目可行性研究报告（建议书）的批复；

（15）规划委、发展改革委项目初步设计方案的批复；

（16）国家电监会华北电监局关于并网发电项目开展并网调试的函；

（17）供用电合同；

（18）电网公司发展部关于项目接入系统设计的审核意见文件；

（19）并网调度协议。

4．发电企业申请入市注册的流程是什么？

发电企业入市注册包含以下流程：

（1）发电企业登录交易平台注册账号并完成在线申请；

（2）按要求提交纸质材料；

（3）交易平台审核完成后，办理数字证书；

（4）完成发电企业入市注册流程。

5．售电公司办理入市注册的条件是什么？政策依据是什么？

售电公司办理入市注册的条件包括以下内容：

（1）依照《中华人民共和国公司法》登记注册的企业法人。

（2）资产要求：

1）资产总额不得低于2千万元人民币。

2）资产总额在2千万元至1亿元（不含）人民币的，可以从事年售电量不超过30亿kWh的售电业务。

3）资产总额在1亿元至2亿元（不含）人民币的，可以从事年售电量不超过60亿kWh的售电业务。

4）资产总额在2亿元人民币以上的，不限制其售电量。

（3）从业人员。售电公司应拥有10名及以上具有劳动关系的全职专业人员。专业人员应掌握电力系统基本技术、经济专业知识，具备风险管理、电能管理、节能管理、需求侧管理等能力，有电力、能源、经济、金融等行业 3 年及以上工作经验。其中，至少拥有 1 名高级职称和 3 名中级职称的专业管理人员，技术职称包括电力、经济、会计等相关专业。

（4）经营场所和技术支持系统。售电公司应具有固定经营场所及能够满足参加市场交易的报价、信息报送、合同签订、客户服务等功能的电力市场技术支持系统和客户服务平台，参与电力批发市场的售电公司技术支持系统应能接入电力交易平台。

（5）信用要求。售电公司法定代表人及主要股东具有良好的财务状况和信用记录，并按照规定要求作出信用承诺，确保诚实守信经营。董事、监事、高级管理人员、从业人员无失信被执行记录。

（6）法律、行政法规和地方性法规规定的其他条件。

售电公司办理入市注册的政策依据主要为《国家发展改革委 国家能源局关于印发〈售电公司管理办法〉的通知》（发改体改规〔2021〕1595 号）。

6．售电公司办理入市注册应提交的材料有哪些？

售电公司办理入市注册时，应提交包括但不限于以下信息和材料：法人资格信息（包括工商注册信息、法定代表人信息、开户信息等）及证明、资产总额信息及证明、从业人员信息及证明、经营场所和技术支持系统信息及证明、信用信息（包括信用承诺书等）及证明等材料。拥有配电网运营权的售电公司还需提供电力业务许可、配电网电压等级、供电范围等信息及证明材料。

（1）法人资格证明：

1）营业执照。按照《中华人民共和国公司法》等级注册的企业法人，经营范围中必须明确具备电力销售、售电或电力供应等业务事项，供电、供电业务、购售电事项也属于此范围。

2）法定代表人身份证。

3）银行开户许可证或基本存款账户信息证明。

（2）资产证明。满足《国家发展改革委 国家能源局关于印发〈售电公司管理办法〉的通知》（发改体改规〔2021〕1595 号）中资产要求。可根据实际情况提供以下任一证明：

1）资产评估报告。具备资质、无不良信用记录的会计事务所出具的该售电公司的资产评估报告，资产报告评估截止日期及落款日期距离注册日期不得超过 3 个月。

2）审计报告。具备资质、无不良信用记录的会计事务所出具的该售电公司的审计报告，审计报告审计截止日期及落款日期距离注册日期不得超过 1 年。

3）验资报告及银行流水。具备资质、无不良信用记录的会计师事务所出具的该售电公司的验资报告及银行流水，验资报告核验截止日期及落款日期距离注册日期不得超过6个月，银行流水需覆盖验资报告落款日期至注册日期。

4）实收资本证明。开户银行及基本户银行出具的实收资本证明，证明截止日期及落款日期距离注册日期不得超过1个月。

其中，审计报告、验资报告、银行流水、评估报告、实收资本证明等材料要满足国家有关法律法规规定，且应大于或等于售电公司注册承诺的资产总额。

（3）从业人员证明。满足《国家发展改革委 国家能源局关于印发〈售电公司管理办法〉的通知》（发改体改规〔2021〕1595号）中人员要求。其中：

1）身份证明。身份证、港澳通行证、护照，其他等任一身份证明原件扫描件。

2）社保记录及劳动合同等全职在职关系证明。由社保中心出具的个人版或企业版社保缴费记录，社保缴费记录落款日期为注册当月或上月，能反映该人员距离注册月份前3个月社保缴纳单位信息。由企业出具的劳动合同，劳动合同期限能覆盖注册当月，合同甲方信息能与社保缴费记录中单位信息匹配。

3）从业年限、专业等证明。由个人填写的3年以上工作履历证明，包括但不限于教育培训记录、工作履历、专业资格证书获得情况、主要经历业务信息等，能反映已掌握电力系统基本技术、经济专业知识，具备风险管理、电能管理、节能管理、需求侧管理等能力，有电力、能源、经济、金融等行业3年及以上工作经验。

4）专业技术职称人员证明。由政府人力资源和社会保障部核准备案，国务院各部门、中央企业、全国性行业协会学会、人才交流服务机构等组建的职称评审委员会颁发的电力类或经济类职称证书。电力类专业可包括电力系统、电气工程、自动化、热动、电力电子、机电、通信等强弱电领域。经济类专业可包括会计、经济、审计、统计、工商管理、市场营销、财税金融等。

售电公司从业人员不能同时在两个及以上售电公司重复任职。

（4）经营场所及技术支持系统证明。满足《国家发展改革委 国家能源局关于印发〈售电公司管理办法〉的通知》（发改体改规〔2021〕1595号）中经营场所和技术支持系统要求。其中：

1）经营场所证明。①经营场所为自有产权的，提供商业地产不动产权证书（《房屋所有权证》或《不动产权证书》），经营场地为租赁的，提供租赁合同及出租房不动产权证书。不动产权证书权利人与售电公司或租赁合同甲方一致，房屋使用性质为写字楼、商业用房等非住宅性质。租赁合同的合同期限能覆盖注册日期起至少 1 年。②同时提供经营场所照片，能反映经营场地位置、公司标识、办公环境、硬件设施等。售电范围涉及多个省的售电公司，在售电业务所在行政区域需具备相应的经营场所。

2）技术支持系统证明。①提供与技术开发商签署的《软件开发/采购合同》或《软件服务协议》，合同期限能覆盖注册日期起至少 1 年。②提供由国家版权局颁发的软件著作权证书。③同时提供平台功能截图，至少包含报价、信息报送、合同签订、客户服务等 4 项基本功能，图片含清晰可见的登录信息、企业标识。

（5）信用证明。售电公司签订的信用承诺书。由“信用中国”网站出具的信用中国信用信息报告，中国人民银行出具的售电公司企业信用报告及法定代表人、主要股东（企业股东或个人股东）的征信报告，信用报告日期距离注册日期不得超过 3 个月。

7．发电企业和电网企业所属售电公司办理入市注册的条件是什么？

发电企业、电力建设企业、高新产业园区、经济技术开发区、供水、供气、供热等公共服务行业和节能服务公司所属售电公司（含全资、控股或参股）应当具有独立法人资格，独立运营。上述公司申请经营范围增项开展售电业务的，新开展的同一笔交易中不能同时作为买方和卖方。

电网企业（含关联企业）所属售电公司（含全资、控股或参股）应当具有独立法人资格并且独立运营，确保售电业务从人员、财务、办公地点、信息等方面与其他业务隔离，不得通过电力交易机构、电力调度机构、电网企业获得售电竞争方面的合同商务信息以及超过其他售电公司的优势权利。

8．什么是售电公司“首注负责制”？

售电公司可自主选择在任一电力交易中心注册，首次办理售电公司注册手续的电力交易中心为首注地电力交易中心。售电公司若在其他省开展售电业务或取消已开展的售电业务，应在首注地交易中心申请售电范围变更（增加或减少），按照售电范围所在省级电力交易中心要求履行相关手续。负责首次办理售电公司注册手续的电力交易机构，负责对业务办理的过程资料进行完整性审查，必要时组织对售电公司进行现场核验。

9．售电公司业务范围变更是否可以同时申请新增多个地区业务范围？流程是什么？

可以。售电公司可以同时申请增加多个地区业务范围。

售电公司通过电力交易平台申请增加相应地区的业务范围，经各地区交易中心审核并公示通过后，可在相应地区正常开展售电业务。

10．售电公司办理入市注册的流程是什么？

售电公司办理注册时，应按固定格式签署信用承诺书，并通过电力交易平台向电力交易机构提交以下资料：工商注册信息、法定代表人信息、统一社会信用代码、资产和从业人员信息、开户信息、营业执照、资产证明、经营场所和技术支持系统证明等材料。拥有配电网运营权的售电公司还需提供配电网电压等级、供电范围、电力业务许可证（供电类）等相关资料。除电网企业存量资产外，现有符合条件的高新产业园区、经济技术开发区和其他企业建设、运营配电网的，履行相应的注册程序后，可自愿转为拥有配电业务的售电公司。

接受注册后，电力交易机构要通过电力交易平台、“信用中国”网站等政府指定网站，将售电公司满足注册条件的信息、材料和信用承诺书向社会公示，公示期为 1 个月。电力交易机构收到售电公司提交的注册申请和注册材料后，在 7 个工作日内完成材料完整性审查，并在满足注册条件后完成售电公司的注册手续。对于售电公司提交的注册材料不符合要求的，电力交易机构应予以一次性书面告知。

公示期满无异议的售电公司，注册手续自动生效。电力交易机构将公示期满无异议的售电公司纳入自主交易市场主体目录，实行动态管理并向社会公布。

11．售电公司公示期间被投诉，后续如何进行处理？

电力交易机构应对公示期间被提出异议的售电公司的异议情况进行调查核实，并根据核实情况分类处理。

（1）如因公示材料疏漏缺失或公示期间发生人员等变更而产生异议，售电公司可以补充材料申请再公示。

（2）如因材料造假发生异议，售电公司自接到电力交易机构关于异议的告知之日起，5 个工作日内无法作出合理解释，电力交易机构终止其公示，退回售电公司的注册申请，将情况报送地方主管部门。

12．售电公司的权利和义务是什么？

售电公司享有以下权利：

（1）可以采取多种方式通过电力市场购售电，可通过电力交易平台开展双边协商交易或集中交易。

（2）售电公司自主选择各级电力交易机构进行跨省跨区购电和省内购电。

（3）多个售电公司可以在同一配电区域内售电。同一售电公司可在多个配电区域内售电。

（4）可向用户提供包括但不限于合同能源管理、综合节能、合理用能咨询和用电设备运行维护等增值服务，并收取相应费用。

（5）可根据用户授权掌握历史用电信息，在电力交易平台进行数据查询和下载。

售电公司应履行以下义务：

（1）承担保密义务，不得泄露用户信息。

（2）遵守电力市场交易规则。

（3）与用户签订合同，提供优质专业的售电服务，履行合同规定的各项义务。

（4）受委托代理用户与电网企业的涉网事宜。

（5）按照国家有关规定，在电力交易平台、“信用中国”网站等政府指定网站上公示公司资产、从业人员、场所、技术支持系统、经营状况等信息、证明材料和信用承诺，依法及时对公司重大事项进行公告，并定期公布公司年报。

（6）不得干涉用户自由选择售电公司的权利。

（7）按照可再生能源电力消纳责任权重有关规定，承担与年售电量相对应的可再生能源电力消纳量。

（8）同意电力交易机构对其公司及公司从业人员满足注册条件的信息、证明材料对外公示，以及对其持续满足注册条件开展的动态管理。

13．售电公司在完成注册后，在其他地区需要增项开展业务，是否需要在当地交易中心进行再次注册？

不需要另行注册。依据《北京电力交易中心关于印发〈售电公司市场注册及运营服务规范指引〉的通知》（京电交市〔2022〕25 号）有关要求，在国家电网有限公司经营区域内，北京电力交易中心和各省级电力交易中心遵循“一地注册，信息共享”的原则，对售电公司注册信息进行共享，无需重复注册。

14．售电公司工作人员能否在两家售电公司任职？

不行，从业人员不能同时在两个及以上售电公司重复任职。

15．售电公司对工作人员工作经验有何要求？

售电公司应拥有 10 名及以上具有劳动关系的全职专业人员。专业人员应掌握电力系统基本技术、经济专业知识，具备风险管理、电能管理、节能管理、需求侧管理等能力，有电力、能源、经济、金融等行业 3 年及以上工作经验。其中，至少拥有 1 名高级职称和 3 名中级职称的专业管理人员，技术职称包括电力、经济、会计等相关专业。

16．注册生效后注册信息是否还需要更新？

售电公司注册信息发生变化时，应在 5 个工作日内向首次注册的电力交易机构申请信息变更。法人信息、公司股东、股权结构、从业人员、配电网资质

等发生如下变化的，售电公司需重新签署信用承诺书并予以公示，公示期为7天。

（1）企业更名或法定代表人变更。

（2）企业控制权转移，因公司股权转让导致公司控股股东或者实际控制人发生变化。

（3）资产总额发生超出注册条件所规定范围的变更。

（4）企业高级或中级职称的专业人员变更。

（5）配电网运营资质变化。

17．售电公司注册生效后长期不参与交易有何影响？

依据《国家发展改革委 国家能源局关于印发〈售电公司管理办法〉的通知》（发改体改规〔2021〕1595号）文件要求，连续12个月未进行实际交易的售电公司，电力交易机构征得地方主管部门同意后暂停其交易资格，重新参与交易前须再次进行公示。

18．售电公司营业场所证明有何要求？

售电公司应具有固定经营场所并提供相关证明材料。

（1）经营场所为自有产权的，提供商业地产不动产权证书（《房屋所有权证》或《不动产权证书》），经营场所为租赁的，提供租赁合同及出租房不动产权证书。不动产权证书权利人与售电公司或租赁合同甲方一致，房屋使用性质为写字楼、商业用房等非住宅性质。租赁合同的合同期限应覆盖注册日期起至少1年，经营场所面积应大于100m^2。

（2）同时提供经营场所照片，能反映经营场所位置、公司标识、办公环境、硬件设施等。售电范围涉及多个省的售电公司，在售电业务所在行政区域需具备相应的经营场所。

19．售电公司如何与工商业用户建立零售服务关系？

新用户注册时，应在交易平台选择对应的用户类型为零售用户。用户完成注册后，拟由售电公司代理购电的，须与售电公司签订市场化购电合同（代理协议），并在交易平台进行代理关系绑定，绑定关系生效后，方可由售电公司代理参与市场化交易。

（1）零售用户市场化购售电合同（代理协议）签署。已注册生效的市场化用户和售电公司依法合规签订市场化购售电合同（代理协议），协议内容需包含交易中心发布的结算条款。若因法规、政策变化需变更协议或签署补充协议的，以电力交易平台最新通知为准。

（2）零售用户代理关系核对及确认：

1）售电公司与零售用户签订市场化购售电合同，并将一份原件提交至首都电力交易中心。

2）售电公司与零售用户在交易系统中按照要求填写并确认合同电量、电价与结算方案。

3）售电公司与零售用户在交易平台确认完成且交易中心核对通过，视为代理关系绑定成功。

20．售电公司在哪些情况下会被强制退市？

售电公司有下列情形之一的，经地方主管部门和源监管机构调查确认后，启动强制退出程序：

（1）隐瞒有关情况或者以提供虚假申请材料等方式违法违规进入市场，且拒不整改的。

（2）严重违反市场交易规则，且拒不整改的。

（3）依法被撤销、解散，依法宣告破产、歇业的。

（4）企业违反信用承诺且拒不整改的。

（5）被有关部门和社会组织依法依规对其他领域失信行为做出处理的。

（6）连续 3 年未在任一行政区域开展售电业务的。

（7）出现市场串谋、提供虚假材料误导调查、散布不实市场信息等严重扰乱市场秩序的。

（8）与其他市场主体发生购售电合同纠纷，经法院裁定为售电公司存在诈骗等行为的，或经司法机构或司法鉴定机构裁定伪造公章等行为的。

（9）未持续满足注册条件，且未在规定时间内整改到位的。

（10）法律、法规规定的其他情形。

21．售电公司自愿退市的前置条件是什么，处理的方式是什么？

依据《国家发展改革委 国家能源局关于印发〈售电公司管理办法〉的通知》（发改体改规〔2021〕1595 号），自愿退市应执行以下规定：

（1）售电公司可自愿申请退出售电市场，应提前 45 个工作日向电力交易机构提交退出申请，明确退出原因和计划的终止交易月。终止交易月之前（含当月），购售电合同由该售电公司继续履行，并处理好相关事宜。

（2）对于自愿退出的售电公司，电力交易机构将退出申请及相关材料通过电力交易平台、“信用中国”网站等政府指定网站向社会公示 10 个工作日。公示期满无异议的，方可办理退出市场手续。

（3）在地方主管部门和能源监管机构协调下，自愿退出售电公司应在终止交易月之前通过自主协商的方式完成购售电合同处理；自愿退出售电公司未与购售电合同各方就合同解除协商一致的，须继续参与市场化交易，直至购售电合同履行完毕或合同各方同意终止履行。对继续履行购售电合同确实存在困难的，其批发合同及电力用户按照有关要求由保底售电公司承接。对购售电合同各方造成的损失由自愿退出售电公司承担。

22．北京地区保底售电公司入选的条件是什么？

目前，《北京市保底售电公司管理办法》暂未发布，保底售电公司入选条件尚未明确。根据《国家发展改革委 国家能源局关于印发〈售电公司管理办法〉的通知》（发改体改规〔2021〕1595 号）相关要求，"保底售电公司每年确定一次，具体数量由地方主管部门确定。原则上所有售电公司均可申请成为保底售电公司，地方主管部门负责审批选取其中经营稳定、信用良好、资金储备充足、人员技术实力强的主体成为保底售电公司，并向市场主体公布"。

23．北京地区启动保底售电服务的条件是什么，售电公司保底服务的承接方式是什么？

目前，《北京市保底售电公司管理办法》暂未发布，启动保底售电服务的条件和承接方式尚未明确。根据《国家发展改革委 国家能源局关于印发〈售电公司管理办法〉的通知》（发改体改规〔2021〕1595 号）相关要求，保底售电服务由电力交易机构报地方主管部门和能源监管机构同意后，方可启动。

（1）启动条件：

1）存在售电公司未在截止期限前缴清结算费用。

2）存在售电公司不符合市场履约风险有关要求。

3）存在售电公司自愿或强制退出市场，其购售电合同经自主协商、整体转让未处理完成。

（2）服务内容。确认启动保底售电服务后，电力交易机构书面通知保底售电公司、拟退出售电公司，以及拟退出售电公司的批发合同各方、电力用户。保底售电公司从发出通知的次月起承接批发合同及电力用户服务，其保底服务对应的市场化交易单独结算。

电力用户执行保底零售价格，不再另行签订协议。中长期模式下，保底零售价格按照电网企业代理购电价格的 1.5 倍执行，具体价格水平由省级价格主管部门确定。现货结算试运行或正式运行期间，由地方主管部门根据电力市场实际价格及保底成本确定分时保底零售价格，并定期调整。保底成本包括因用户数量不确定导致的成本上升、极端因素导致的风险成本等。原则上，保底电价不得低于实际现货市场均价的 2 倍。

（3）兜底原则。若全部保底售电公司由于经营困难等原因，无法承接保底售电服务，由电网企业提供保底售电服务。

（4）保底售电业务监管。保底售电公司须将保底售电业务单独记账、独立核算，并定期将相关价格水平、盈亏情况上报地方主管部门。

24. 北京地区用户如何判断自己是不是经营性电力用户？

依据《国家发展改革委关于全面放开经营性电力用户发用电计划的通知》（发改运行〔2019〕1105号）文件要求，除居民、农业、重要公用事业和公益性服务等行业电力用户以及电力生产供应所必需的厂用电和线损以外，其他电力用户均属于经营性电力用户。

25. 北京地区经营性电力用户如何选择购电方式？

目前，暂未直接从电力市场购电的工商业用户，由电网企业代理购电，电网公司代理购电用户可在每季度最后一个月15日前，通过电力交易中心平台完成注册，选择在下一季度起直接参与市场交易。已直接参与市场化交易又退出的电力用户，默认由电网公司代理购电，其用电价格由电网企业代理购电价格的1.5倍、输配电价、政府性基金及附加组成。

26. 北京市工商业用户该如何选择购电方式？

依据《北京市城市管理委员会关于印发北京市2023年电力市场化交易方案、绿色电力交易方案的通知》（京管发〔2022〕30号），执行大工业电价（工业电价）、一般工商业电价的电力用户可选择市场直接购电，10kV及以上工商业用户原则上直接参与市场交易，鼓励其他工商业用户从电力市场购电。

已在首都电力交易中心完成市场注册的电力用户可以直接向发电企业或售电公司购电，其全部电量均应通过市场交易购买。年用电量超过500万kWh的用户可与发电企业开展电力直接交易。对暂未从电力市场直接购电的用户，由国网北京市电力公司代理购电。

27. 北京地区电力用户办理入市注册的条件是什么？政策依据是什么？

北京地区电力用户办理入市注册的条件包含如下内容：

（1）符合电网接入规范、满足电网安全技术要求，与电网企业签订正式供用电协议（合同）、市场化用户电费结算补充协议；

（2）北京地区工商业用户可选择直接参与市场化交易，用户内执行一般工商业或大工业电价的计量点均应全量参与交易；

（3）须为具备远程采集能力的抄表结算后付费用户；

（4）电力用户须以其供用电合同上的单位名称申请入市，其所有申请入市的营销用户编号须对应同一单位名称；

（5）电力用户无失信行为：注册时无未处理的违窃行为、注册时无欠费行为。

用户办理入市注册参考的依据是《关于优化调整北京地区工商业用户市场

注册有关事项的说明》(首都交易〔2022〕8 号)。

28. 工商业用户能不能既不直接参与市场交易购电、也不选择代理购电，而是继续维持以前的购电方式?

不能。依据《国家发展改革委办公厅关于组织开展电网企业代理购电工作有关事项的通知》(发改办价格〔2021〕809 号)，工商业目录销售电价正式取消，暂无法直接参与市场交易的可由电网企业代理购电。已直接参与市场交易又退出的用户，由电网企业代理购电。

29. 电力用户未参与市场主体注册申报，能够参加电力直接交易吗?

不能。依照现行规则，只有注册成为市场化交易用户身份，成为市场主体，才能参加电力直接交易。

30. 北京地区电力用户注册申请所需的资料有哪些?

北京地区电力用户开展注册申请需要以下资料:

(1) 单位营业执照复印件;

(2) 单位法定代表人承诺书;

(3) 第一联系人授权书;

(4) 法人单位授权书(按需);

(5) 《电力用户入市协议》;

(6) 《市场化用户电费结算补充协议》(用电地址所在区的国家电网直属营业厅办理);

(7) 《用电信息情况核对表》。

31. 为什么北京地区电力用户需要以"用电人"的身份办理入市注册?

依据《国家发展改革委 国家能源局关于印发〈电力中长期交易基本规则〉的通知》(发改能源规〔2020〕889 号)第十四条规定，电力用户准入需要与电网企业签订正式供用电协议(合同)。与电网企业签订正式供用电协议(合同)的主体被定义为"用电人"，北京地区电力用户须以"用电人"的身份办理入市注册。

32. 北京地区电力用户注册的流程是什么?

自《国家发展改革委关于进一步深化燃煤发电上网电价市场化改革的通知》(发改价格〔2021〕1439 号)文件要求"推动工商业用户都进入市场"后，首都电力交易中心经北京市城市管理委员会批准，调整了北京地区电力用户注册流程，共分为四步:

(1) 用户用电信息核对。

选择通过市场直接购电的工商业用户，应携带完整填写用户信息并加盖公章的《市场化用户电费结算补充协议》（每个用户编号，一式两份）至用电地址所在区的国家电网直属营业厅开展用电信息情况核对。营业厅业务人员收到用户信息填写完整且已加盖公章的《市场化用户电费结算补充协议》后，三个工作日内按注册要求对拟通过市场直接购电的用户编号、用户名称、计量点等相关信息进行核对，完成《市场化用户电费结算补充协议》签署，通过用户自取或快递到付方式向满足注册要求的用户出具《用电信息情况核对表》。

（2）交易平台注册申请。

工商业用户获取用电信息情况核对表后，登录首都电力交易平台（https://pmos.bj.sgcc.com.cn）根据相关要求提交平台注册申请，并将相关附件纸质版材料及《用电信息情况核对表》提交至首都电力交易中心。其中《电力用户入市协议》需一式六份，签署要求详见《电力用户入市协议签署注意事项》。

（3）注册核对。

工商业用户在交易平台完成注册申请并提交纸质材料后，交易中心在5个工作日内对注册信息完整性、一致性进行核对（包括信息和材料是否齐全、对应等），通过短信或系统平台向用户反馈核对意见。

每季度最后一个月10日为材料（线上、纸质）收取截止日，截止日期后递交的申请（含驳回重新提交的）将转由次季度办理生效。

经核对无误，于每季度最后一个月15日前批量生效。每季度最后15日前在交易平台生效的用户，即可参与市场直接交易，电网企业代理关系相应终止。

（4）数字证书办理。

工商业用户开展CFCA数字证书办理和平台信息绑定，具体办理要求详见《CFCA数字证书办理、交易平台绑定、密码重置工作指南》。新用户应在电力交易平台办理注册业务的同时，及早办理数字证书，避免影响后续交易工作开展。

新用户在电力交易平台完成平台注册且审核通过，数字证书办理且与平台绑定后，方为完成注册工作。

33．电力市场化直接交易用户和零售用户分别指什么？

直接交易用户又称为批发用户，即直接与发电企业开展交易的电力用户。零售用户是指通过委托售电公司与发电企业开展交易的电力用户，零售用户不与发电企业直接开展交易。根据《北京市城市管理委员会关于印发北京市2023年电力市场化交易方案、绿色电力交易方案的通知》（京管发〔2022〕30号），支持年用电量超过500万kWh的用户与发电企业开展电力直接交易。

34．电力用户注册信息的用电单元是指什么？

电力用户注册时的用电单元指该用户与电网公司签订供用电协议（合同）

的用户编号下属的计量点，即每个计量点为该市场化用户的一个用电单元。

35. 若市场化电力用户有多个用户编号，可否分别与不同售电公司签署市场化代理协议？

同一电力用户主体下如包含多个用户编号，同一周期内只能选择一家售电公司签约参加市场化直接交易。

36. 如何查阅市场内售电公司信息？

市场主体可通过以下几种方式获取售电公司相关信息：

（1）查看交易平台的信息披露模块，获取北京地区售电公司相关信息。

（2）下载使用 e-交易 App，选择“北京”站点，获取北京地区售电公司相关信息。

37. 电力市场化用户已与某售电公司签约，后续是否可以更换，如何更换？

零售用户与售电公司双方在首都电力交易平台确认零售服务关系后，绑定关系生效。原则上零售用户与售电公司的绑定关系在协议存续期间不得变更，零售用户与售电公司的绑定关系到期后，可重新选择任意售电公司绑定下一周期零售关系。若因特殊原因，售电公司或零售用户在合同存续期内不能再执行合同，需双方友好协商妥善处理好原有合同条款。零售用户与售电公司在电力交易平台变更双方购售关系时应同时满足以下条件：

（1）零售用户无欠费、无窃电、违约用电在途流程；

（2）零售用户应提供与原售电公司解除零售合同，并履行完合同义务的证明材料，或原售电公司主动/被强制退出市场；

（3）零售用户拟转至的售电公司已在电力交易平台注册；

（4）零售用户已与新售电公司签订购售电合作协议。

38. 电网企业代理购电的工商业用户要怎么参与市场化交易？

由国网北京市电力公司代理购电的工商业用户，可在每季度最后一个月 15 日前，在首都电力交易平台完成注册，选择自下一季度起直接参与市场交易，国网北京市电力公司代理购电相应终止。

39. 北京地区高耗能用户是如何界定的？高耗能用户的用电价格是怎样执行的？

北京地区暂未出台高耗能用户的认定政策，暂未明确高耗能用户的认定范围，请持续关注北京市城市管理委员会官网。根据《国家发展改革委关于进一步深化燃煤发电上网电价市场化改革的通知》（发改价格〔2021〕1439 号）文件要求，“将燃煤发电市场交易价格浮动范围由现行的上浮不超过 10%、下浮原则上不超过 15%，扩大为上下浮动原则上均不超过 20%，高耗能企业市场交易电价不受上浮 20%限制”。

40．什么是电网企业代理购电？

电网公司代理购电是指对暂未直接从电力市场购电的工商业用户，由电网企业以代理的方式从电力市场进行购电。电网企业代理工商业用户从发电企业购电，不额外收取服务费用。

41．为什么要出台代理购电机制？

为了保障电力安全供应、加快推动电力市场化改革，国家发展改革委研究出台了《国家发展改革委关于进一步深化燃煤发电上网电价市场化改革的通知》（发改价格〔2021〕1439号），进一步深化燃煤发电上网电价市场化形成机制，一方面有序放开全部燃煤发电电量进入市场，另一方面推动工商业用户全面进入市场。考虑到我国有近5000万户的工商业用户，一次性全部进入市场比较困难，为了确保电价改革政策平稳实施，国家发展改革委研究制定了电网企业代理购电机制，对于尚未直接进入市场的工商业用户暂由电网企业代理购电，当用户具备自主进入市场资格的时候可以选择进入市场。建立代理购电机制，一方面不会影响用户的用电方式，确保用户在无能力无条件进入市场的情况下由电网企业代理购电，另一方面代理购电的用户能够通过电网企业实时感受市场价格波动信号，合理调整用电行为。

42．新报装电力用户选择由电网企业代理购电，具体需要做什么？

用户选择由电网企业代理购电，可通过网上国网App、供电营业厅等咨询，与电网公司签订《购售电合同》、建立代理购电关系。在签订《购售电合同》时，需要提供工商营业执照、法人身份证明材料（若非法定代表人办理需提供授权委托书）等。

43．直接参与市场交易，与选择代理购电，哪个更划算？

市场交易价格由电力市场供需情况决定，哪种方式更划算无法准确预测。国家要求各地有序推动工商业用户全部进入电力市场，按照市场价格购电。但是已参与市场交易、改为电网企业代理购电的用户，其价格按电网企业代理其他用户购电价格（正常代理价格）的1.5倍执行。

44．直接参与市场交易购电与选择电网代理购电的用户，电网企业在供电服务上会差别对待吗？

电网企业无差别向各类用户提供报装、计量、抄表、收费、抢修等各类供电服务。

45．用户在交易平台注册过，但没有实际直接参与市场交易购电，用电执行什么价格？

在交易平台注册生效的新用户，需要直接向发电企业或售电公司购电，不再由电网企业代理购电。在下一个结算日无有效交易合同的，其全部用电量均计入偏差电量结算，其用电价格按照偏差结算电价执行。

46．取消工商业目录销售电价后，工商业用户按什么价格交电费？

取消工商业目录销售电价后，用户可以选择进入电力市场，直接向发电企业或售电公司购电，按市场形成的电价交电费；也可以选择由电网企业代理购电，按电网企业公布的代理购电价格交电费。

47．电力用户的用户编号账号、密码在哪里查询？

电力用户的用户编号账号、密码在该用户报装时获取，如用户遗忘相关信息，可以拨打 95598 服务热线进行账号、密码找回。

48．北京地区承认的电力市场化交易履约保障凭证分为几种？

目前，北京地区承认的电力市场化交易履约保障凭证形式包括履约保函和履约保证保险两种。履约保函由银行开具，履约保证保险由保险公司开具。

49．履约保障凭证开具的有效期是多久？

售电公司履约保函有效期截止日不得早于次年 2 月最后一天。履约保证保险的保险期间截止日不得早于当年 12 月 31 日。

50．参与北京电力市场交易的售电公司开具履约保函（保险）对照的额度标准是什么？

依据《国家发展改革委 国家能源局关于印发〈售电公司管理办法〉的通知》（发改体改规〔2021〕1595 号）、《关于印发〈北京市电力市场履约保障凭证管理工作指引（试行）〉的通知》（首都交易〔2022〕11 号）文件要求，额度标准如下：

（1）过去 12 个月有交易记录的售电公司，在参与批发、零售市场交易申报前，应通过以下额度的最大值向首都电力交易中心提交履约保函或者保险：

1）过去 12 个月批发市场交易结算总电量，按标准不低于 0.8 分/kWh；

2）过去 2 个月内参与批发、零售两个市场交易结算电量的大值，按标准不低于 5 分/kWh。

（2）过去 12 个月无交易记录的售电公司，应当在交易申报前提交履约保函（保险），额度根据售电公司参与交易年剩余月份预计总售电量、不低于 0.8 分/kWh 标准计算。

51．北京市售电公司履约保函（保险）启用执行的前提和流程是什么？

依据《关于印发〈北京市电力市场履约保障凭证管理工作指引（试行）〉的通知》（首都交易〔2022〕11 号）文件要求，售电公司未按照首都电力交易中心出具的结算依据及时、足额向国网北京市电力公司支付相关费用的，且经国网北京市电力公司催缴、首都电力交易中心调解无果的，国网北京市电力公司可向首都电力交易中心申请借用履约保函（保险）原件，并向履约保函（保险）开立单位出具原件和《索赔通知》，要求支付款项。首都电力交易中心及时向相关售电公司发出执行告知书，说明履约保函（保险）启用等情况。

52．售电公司履约保函（保险）启用后的增补方式是什么？

售电公司应在收到执行告知书之日起 3 个工作日内，参照履约保函（保险）对照额度标准完成保函（保险）额度增补。

53．售电公司未按时缴纳履约保函（保险）面临的后果有哪些？

售电公司未按时足额缴纳履约保障凭证，或未能在规定时限内足额缴纳相关结算费用，经首都电力交易中心书面提醒后，3 个工作日内仍拒不足额缴纳的，将实施以下措施：

（1）取消其后续交易资格；

（2）在电力交易平台、“信用中国”网站等政府指定网站公布该售电公司相关信息和行为；

（3）报告地方主管部门，按照国家有关规定，对该企业法定代表人、自然人股东、其他相关人员依法依规实施失信惩戒；

（4）所有已签订但尚未履行的购售电合同由地方主管部门征求合同购售电各方意愿，委托电力交易平台处理。

54．北京市场售电公司履约保函（保险）的开具事项有哪些？

履约保障凭证形式包括履约保函和履约保证保险两种。履约保函开具机构应当为经国务院银行业监督管理机构批准设立，颁发金融许可证且具有相应业务资格的商业银行和企业集团财务公司。其中，企业集团财务公司只能向本集团成员单位开具。履约保证保险开具机构应当为具备中国银行保险监督管理委员会或其下属机构颁发的保险经营许可资格、偿付能力达到《保险公司偿付能力管理规定》（中国银行保险监督管理委员会令 2021 年第 1 号）要求的持有有效企业营业执照的保险公司。

55．北京市场售电公司履约保函（保险）的退还事项有哪些？

（1）保函期满退还。售电公司提交的履约保函有效期满后，可视业务开展向首都电力交易中心申请退还相应履约保函。

（2）保函（保险）退市退还。售电公司自愿或被强制退出市场，在完成全部结算程序后，售电公司可向首都电力交易中心申请退还相应履约保函（保险）。

56．市场化用户信息变更共分为几类？涉及变更的内容分别是什么？

市场化用户信息变更共分为三类。一是市场化用户基础信息变更。二是市场化用户用电信息变更。三是市场化用户的用户编号对应的用电人、缴费户名变更。

57．北京地区市场化用户基础信息变更包含哪几类，信息变更的流程是什么？

市场化用户基础信息变更分为一般信息变更和重要信息变更，其中重要信息包括市场主体类别、法人、法定代表人、公司主要股东、业务范围等。重要信息之外的其他基础信息属于一般信息。

（1）发生一般信息变更的，应在 5 个工作日内通过首都电力交易平台提交变更申请，完成相关信息变更操作。首都电力交易中心在收到申请 3 个工作日内进行受理，核对变更信息，无误后将变更信息生效。

（2）发生重要信息变更的，应在 5 个工作日内通过首都电力交易平台提交变更申请，提交《市场化电力用户基础信息变更申请书》和变更信息对应的支撑材料原件扫描件。市场化用户发生法人、法定代表人、公司主要股东等信息变更时，在提交上述材料的基础上，还需提交《企业法定代表人承诺书》。法人（用户名称）变更时，需提供全部用户编号最近一个月的电费单，电力用户申请变更的名称须与用户编号对应的名称保持一致。

首都电力交易中心在收到申请 3 个工作日内完成变更信息核对确认，通知电力用户递交相关纸质材料。发生重要信息变更的电力用户，须在首都电力交易平台履行公示程序，公示期为 5 个工作日，公示无异议后变更信息生效。

58．北京地区市场化用户用电信息变更包含哪几类，信息变更的流程是什么？

市场化用户用电信息变更包括用户编号、计量点信息等涉电技术参数信息的变更。用电信息变更业务流程及要求如下：

（1）计量点信息变更。市场化用户用电现场计量点增加、拆除，应在电网公司营销系统用电业务处理完成后，及时在首都电力交易平台提交《市场化用户用电信息变更申请书》及《市场化用户用电变更业务完成情况说明》扫描件，同时将相关纸质材料一并递交至首都电力交易中心。

首都电力交易中心在收到电网公司营销系统用电业务变更归档同步传递的电子化信息后 5 个工作日内进行核对，核对无误后将变更的用电信息在首都电力交易平台生效，并纳入生效当月市场化交易结果结算。

（2）用户编号信息变更：

1）用户编号增加。市场化用户需要增加用户编号的，该用户编号所对应的名称（用电人）须与市场化名称一致。变更工作分以下三步：

第一步：电力用户携带完整填写用户信息并加盖公章的《市场化用户电费结算补充协议》（每个用户编号一式两份）至用电地址所在区的国家电网直属营业厅开展用电信息情况核对。营业厅业务人员收到《市场化用户电费结算补充协议》后，3 个工作日内按注册要求对用户报送的用户编号、用户名称、计量点等相关信息进行核对，完成《市场化用户电费结算补充协议》签署，向满足注册要求的用户出具《用电信息情况核对表》《用电业务完成情况说明》。（用户可通过自取或快递到付方式获得）

第二步：电力用户通过首都电力交易平台提交《用电信息情况核对表》《市场化用户用电信息变更申请书》《用电业务完成情况说明》扫描件，同时将相关纸质材料一并递交至首都电力交易中心。

第三步：首都电力交易平台对本月 10 日前提交的全部申请资料进行受理，经核对无误，于每月 15 日前批量生效。变更生效的用户编号即可随已注册的电力用户参与后期各类交易申报，并纳入次月市场化交易结果结算。交易中心在 2 个工作日内将生效的用户编号信息报送至国网北京市电力公司，电网企业代理关系相应终止。

2）用户编号删减。

a．市场化用户需要删减用户编号的，通过首都电力交易平台提交《市场化用户用电信息变更申请书》扫描件。

因销户原因删减用户编号，还需提供《用电业务完成情况说明》扫描件，首都电力交易中心在收到全部申请资料 3 个工作日内进行受理，经与电网公司营销系统核对无误后，适时将删减的用户编号在首都电力交易平台生效处理。

市场化用户除销户之外其他原因需要删减用户编号时，需由对应用户编号的用电人书面声明已知晓后续如不参与市场化交易，按国家有关文件执行相应电网代理购电价格。

b．经删减的电力用户编号，如需要重新注册成为市场化用户，可按照《关于优化调整北京地区工商业用户市场注册有关事项的说明》（首都交易〔2022〕8 号）中的要求重新提交注册申请。申请注册的电力用户的用户编号如全部为曾经被删减的电力用户编号，可在每月 10 日前提交申请，交易中心在 5 个工作日内完成信息核对，核对无误后当月予以生效；其他用户仍需按季度申请注册。

c．已在册电力用户，如需将部分用电编号提取出单独重新注册为新的市场主体，须先申请用户编号删除后，重新履行注册手续。

d．对于已经注册生效的市场化电力用户，申请删减的用户编号，自平台删减当月起，默认由国网北京市电力公司代理购电，购电价格按国家有关文件执行。

3）用户编号转移。

市场化用户其下的用户编号需要发生转移时（即从电力用户 A 转移到电力用户 B），分如下两种情况：

情况 1：电力用户 B 为市场化注册生效用户。

用户 A 与 B 均需填写《市场化用户编号转移申请表》并如实填写转移原因。用户 A 需在交易平台提交用户编号转移申请，并由用户 B 在交易平台进行确认操作。

每月首都电力交易平台对上月用户编号转移申请进行受理，经核对无误，于每月 5 日前生效。变更生效的用户编号当月全部电量纳入被转移电力用户进行结算。

情况 2：电力用户 B 为非市场化注册生效用户。

用户 A 需先行履行相应用户编号的删减手续，用户 B 需在当月根据《关于优化调整北京地区工商业用户市场注册有关事项的说明》（首都交易〔2022〕8 号）要求提交包含相应用户编号的新用户注册申请。交易中心根据具体情况核对有关信息，经核对无误，于每月 5 日前予以生效。变更生效的用户编号当月全部电量纳入被转移电力用户（用户 B）进行结算。

59．市场化用户的用户编号对应的电网公司营销系统用电人、缴费户名变更的办理手续是什么？

（1）用电人变更。

因用电人过户发生用电人变更时，相应用户编号已不再符合市场用户注册条件，需根据实际情况，首先进行“用户编号删减”或“用户编号转移”，方可申请用电人变更。

第一步：市场化用户根据实际情况，在首都电力交易平台提交“用户编号删减”或“用户编号转移”申请。相关业务流程参见“用户编号删减”或“用户编号转移”的业务章节。

第二步：上述流程处理完成后，市场化用户填写《市场化用户用电信息变更申请书》《市场化用户用电人、缴费人变更通知单》，提交至首都电力交易中心。

交易中心审核符合变更条件后，在《市场化用户用电人、缴费人变更通知单》加盖交易中心业务章，电力用户凭《市场化用户用电人、缴费人变更通知单》，到各区域供电公司办理相关业务。

（2）缴费户名变更。

1）用电人与缴费户名一致：

市场化用户填写《市场化用户用电信息变更申请书》《市场化用户用电人、缴费人变更通知单》，提交至首都电力交易中心。

交易中心审核符合变更条件后，在《市场化用户用电人、缴费人变更通知单》加盖交易中心业务章，电力用户凭《市场化用户用电人、缴费人变更通知单》，到各区域供电公司办理相关业务。

2）用电人与缴费户名不一致：

第一步：市场化用户根据实际情况，在首都电力交易平台提交“用户编号删减”或“用户编号转移”申请，具体详见本文“用户编号删减”或“用户编号转移”相关要求。

第二步：市场化用户填写《市场化用户用电信息变更申请书》《市场化用户用电人、缴费人变更通知单》，提交至首都电力交易中心。

交易中心审核符合变更条件后，在《市场化用户用电人、缴费人变更通知单》加盖交易中心业务章，电力用户凭《市场化用户用电人、缴费人变更通知单》，到各区域供电公司办理相关业务。

60．市场化用户未及时办理信息变更可能产生哪些影响？

市场化用户发生各类信息变化应及时到交易中心办理业务变更，交易中心将定期与电网公司进行电力用户同一用户编号下的计量点信息核对，并根据核对结果通知用户及时办理相关变更手续，逾期未办理的，将根据最新的核对结果予以处理，因用户自身原因未办理计量点增减业务所造成的偏差电量，由用户自行承担，并纳入北京地区市场主体信用评价体系记录。

61．售电公司在重大信息变更公示期间，是否被限制交易？

只要信息变更的内容满足售电公司准入条件，售电公司在重大信息变更公示期间，不会被限制交易。

62．北京地区市场化用户退市申请的流程是什么？政策依据是什么？

依据《北京市城市管理委员会关于印发新修订的北京市电力用户准入与退出管理实施细则等文件的通知》（京管发〔2020〕27 号）文件要求，申请退出电力市场交易的电力用户，应及时向首都电力交易中心提交注销申请，退出前应将所有已签订的交易合同履行完毕或转让完成。首都电力交易中心确认后，在市城市管理委政务外网、首都电力交易平台向社会公示 5 个工作日，公示期满无异议的，由首都电力交易中心为用户完成注销手续，并将有关情况上报市城市管理委。

63．市场化用户退市需承担的后果有哪些？

已参与市场交易、改为电网企业代理购电的用户，其价格按电网企业代理其他用户购电价格的 1.5 倍执行。

64．在首都电力交易平台注册是交电子档资料还是纸质资料？

市场主体根据相关注册要求，登录首都电力交易平台（https://pmos.bj.sgcc.com.cn）根据相关要求提交平台注册申请，并在交易平台上传相关附件（须加盖公章）。

经交易中心审核无误后，市场主体须提交相关纸质文件材料，用以存档。

65．数字证书（电子钥匙）有什么用？开展数字证书办理、交易平台绑定的申请流程是什么？

为了安全、高效地开展各类市场化交易业务，电力交易平台采用中国金融认证中心（CFCA）数字证书作为电子凭证，市场成员需购买 CFCA 数字证书，并与电力交易平台绑定后，方可开展各项电力交易业务。具体申请办理的流程为：

一是提交电子申请及缴费。市场主体向北京科东电力控制系统有限责任公司邮箱（gdmails@126.com）提交电子版证书，办理申请材料并汇款。同时，向首都电力交易中心有限公司（sddljyzx@163.com）提交电子版证书，办理申请材料备案。

二是填写详细信息。电子邮件发送成功后，会有自动回复邮件，按邮件提示打开办理数字证书登记表的链接，填写并提交相关登记信息。

三是资料审核。北京科东电力控制系统有限责任公司收到材料后进行资质审核，如审核未通过，北京科东将联系用户进行资料修改，资料审核通过后进入下一流程。

四是收取数字证书。与首都电力交易中心有限公司签订入市协议及平台使用协议后，法人代表或被授权人按附件将 CFCA 数字证书信息发送至邮箱 sddljyzx@163.com。

66．注册工作和办理数字证书可以同时进行吗？

注册工作和办理数字证书可以同时进行，但数字证书需要在市场主体注册完成生效后才可以使用。

67．数字证书办理完成后，下一步应该怎样操作？

与首都电力交易中心有限公司签订入市协议及平台使用协议后，法人代表或被授权人按附件将CFCA数字证书信息发送至邮箱sddljyzx@163.com进行数字证书绑定。

68．数字证书的办理周期多长？

CFCA 数字证书第三方平台办理周期为 5～10 个工作日，相关电力用户需及早办理，避免影响后续交易工作开展。

69．单一市场主体可办理几把电子钥匙？

每个市场主体可办理 2 把电子钥匙。

70．忘记数字证书密码怎样处理？

忘记数字证书密码可联系北京科东客服热线电话重置密码。客服电话是 400-185-1123，服务时间是周一至周五 8:30～12:00 和 13:30～17:00 两个阶段。

第三章

批发市场交易及合同

1．什么是电力中长期交易？

电力中长期交易是指符合准入条件的发电企业、电网企业、售电公司、电力用户等市场主体，通过双边协商、集中交易等市场化方式，开展的多年、年、季、月、周、多日电力批发交易。

2．为什么要开展电力中长期交易？

电力中长期市场作为电量市场化交易的主体部分，在我国电力市场中占据着稳价保供的重要作用。一方面体现出整体市场对未来供需态势的预期，起到现货市场价格锚点作用，能够有效指导市场主体有序报价。另一方面，若市场主体能够参考未来能源市场走势签订相对短期的合约，既能在一定程度上保证市场里中长期合约的比例，也能够在交易价格合理的基础上实现提前锁定市场主体交易量，确保合理收入，对于市场主体本身降低风险、锁定收益具有重要意义。

3．制定电力交易规则和方案的程序是什么？

制定电力交易规则应当公开、公平、公正，符合市场化原则和电力商品技术特性。省（自治区、直辖市）内交易规则由国家能源局派出机构和地方政府有关部门组织交易机构在基本规则框架下起草，并由相应的市场管理委员会进行初步审议，经国家能源局派出机构和所在省（自治区、直辖市）政府有关部门审定后执行。交易规则和细则批准实施后，交易机构无权变更。需要修订的，交易机构需提请市场管理委员会审议后，报审定机构和部门批准。交易机构可结合业务实际提出完善电力交易规则和细则的建议。

4．国家电力中长期交易的相关政策有哪些？

国家电力中长期交易的相关政策主要指国家发布的相关政策性文件及中长期交易规则，主要包括但不限于以下文件，《中共中央 国务院关于进一步深化电力体制改革的若干意见》（中发〔2015〕9号）及配套文件、《国家发展改革委 国家能源局关于积极推进电力市场化交易进一步完善交易机制的通知》

（发改运行〔2018〕1027号）、《国家发展改革委 国家能源局关于印发〈电力中长期交易基本规则〉的通知》（发改能源规〔2020〕889号）、《国家发展改革委关于进一步深化燃煤发电上网电价市场化改革的通知》（发改价格〔2021〕1439号）等。

5．京津唐地区电力中长期交易的相关政策有哪些？

京津唐地区电力中长期交易的相关政策主要指中长期交易的相关规则、细则。主要包括但不限于以下文件，《华北能源监管局关于印发〈京津唐电网电力中长期交易规则〉的通知》（华北监能市场〔2020〕221号）、《华北能源监管局关于印发〈京津唐电网电力中长期交易结算规则（试行）〉的通知》（华北监能市场〔2020〕250号）《华北能源监管局关于印发京津冀绿色电力市场化交易规则及配套优先调度实施细则的通知》（华北监能市场〔2020〕259号）、《华北能源监管局关于印发北京地区用户侧合同电量转让交易细则（试行）的通知》（华北监能市场〔2021〕83号）、《华北能源监管局关于明确2022年京津唐电网电力中长期交易有关事项的通知》（华北能监市场〔2021〕212号）等。

6．北京地区的电力中长期交易品种有哪些？

现阶段，北京现有的电力中长期交易品种共三类，主要为电力直接交易、绿电交易、合同转让交易。电力直接交易是指电力用户、售电公司与发电企业通过交易平台开展的交易。绿电交易是指以绿色电力产品为标的物的电力中长期交易，用以满足电力用户购买、消费绿色电力的需求，并提供相应的绿色电力消费认证。合同转让交易是指用户所持有的各类电量交易合同的转让交易，在用户侧之间开展。

7．什么是电力直接交易？

电力直接交易是指符合准入条件的电力用户自行或由售电公司代理与发电企业按照自愿参与、自主协商的原则直接进行的购售电交易，电网企业按规定提供输配电服务。符合准入条件的发电企业、电力用户、售电公司等市场主体，按照自愿参与的原则，通过双边协商、集中竞价等市场化方式，开展的购售电交易。

8．什么是年度交易？

年度交易是指以年为周期的电力中长期交易，包括年度直接交易、年度省间交易、年度绿电交易等。

9．电力中长期交易周期和交易次序是什么？

电力中长期交易以多年、年、季、月、周、多日为周期开展，同一执行周期先组织长周期交易、再组织短周期交易。

10．电力中长期交易组织的一般流程包括哪些？

电力中长期交易组织流程包括：需求申报、发布公告、双方协商、交易申报、交易出清、安全校核、结果发布、合同签订、安排计划、交易结算。其中：

（1）需求申报：市场主体将参加本次交易的交易需求通过线上或者线下的形式报送给相关交易中心。

（2）发布公告：根据交易品种创建交易序列，确定交易基本信息、条款信息、时间段信息、申报规则、流程信息、电力曲线信息、出清规则、交易路径信息、合同路径信息及出清点信息，按照准入规则选择准入市场主体，形成交易公告，审核通过后发布。

（3）交易出清：在交易开标时将密文存储的申报数据进行解密，根据出清规则进行出清计算，形成无约束交易结果。

（4）安全校核：按照调度安全校核的结果，对不满足安全校核要求的交易进行调整，形成有约束交易结果。

（5）结果发布：中长期交易的无约束交易结果和有约束交易结果的审核、发布、查询。

（6）合同签订：电力交易平台采用电子合同，有约束交易结果发布后，购售双方无异议后即完成合同签订。

（7）交易结算：用电侧结算计算、结算结果发布、结算争议处理，根据确认后的用户电量数据、用户结算成分数据，按照结算规则计算得到各类结算成分的电量、电价、电费并进行结算结果发布，对有异议的结果支持争议处理。

11．电力中长期交易对市场主体购入或售出电能量有限制吗？

交易电量的限制主要是国家、地方主管部门为了保证电力市场运行稳定，规避个别市场主体的投机等扰乱市场的行为而采取的措施。《国家发展改革委国家能源局关于印发〈电力中长期交易基本规则〉的通知》（发改能源规〔2020〕889号）对市场主体购入或售出电能量没有明确要求，各省依据当地电力市场实际运行情况对市场主体交易电量进行限制，例如根据售电方发电机组发电能力对售出电量限制，根据购电主体履约保函或保险额度对购买电量限制。

北京地区对参与用户侧合同电量转让交易的出让方，有售出电量限制，具体可参考《华北能源监管局关于印发北京地区用户侧合同电量转让交易细则（试行）的通知》（华北监能市场〔2021〕83号）文件。

12．电力中长期交易是否能进行限价？

《国家发展改革委关于进一步深化燃煤发电上网电价市场化改革的通知》

（发改价格〔2021〕1439 号）中对中长期煤电交易电价做了基准价 20%浮动的限制。

13．什么是月度交易？

月度交易是指以月度为交易周期，以月度电量为标的物的电力中长期交易。

14．什么是合同电量转让交易？

合同电量转让交易是指将合同的全部或部分电量转让给合同之外的第三方的交易。

15．合同电量转让的交易标的有哪些？

市场主体通过年度或月度交易已成交的合同电量。

16．合同电量转让交易的具体截止时间是什么？

依据《华北能源监管局关于印发北京地区用户侧合同电量转让交易细则（试行）的通知》（华北监能市场〔2021〕83 号），月前合同电量转让交易在次月开始前；月内合同电量转让交易最晚在结算例日前三个工作日。具体时间以交易公告为准。

17．什么是电力辅助服务交易？

电力辅助服务交易是指为维护电力系统安全稳定运行，保证电能质量，由发电企业、电网企业和电力用户为系统提供的除正常电能生产、传输、使用外的服务，包括调频、调峰、备用、无功调节等。

18．什么是发电权交易？

发电权交易是指准入市场的发电企业根据平等自愿的原则，在不推动上网电价上涨的前提下，按照市场运行规则和约定，相互之间进行的合约电量转让交易，通过竞价由发电权受让方代替发电权出让方完成部分（或全部）合约电量。发电权出让方申报的卖价是其自愿为受让方支付的发电价格，而发电权受让方申报的买价是其希望代替出让方发电而获得的回报价格。

19．发电权转让应注意哪些事项？

目前的发电权交易内容为合同电量，而用于调峰的短期电量市场，其交易电量空间来自火电厂自身根据机组实际发电能力（或期望发电曲线）与计划发电曲线的差额，需要引入带有时间维度的电力曲线作为交易内容。当电厂发现其在较长时间内按计划曲线将保持较低的负荷率运行时，为了保障收益可以有两种选择：一是通过购买发电权增加提高机组出力水平，以提高发电效率；二是停机将电量计划作为待转让的发电权参与日前发电权交易，启停和维护费用通过转让发电权所得进行补偿。经过发电权的交易，各电厂的日前发电计划将重新组合，实际发电机组的计划发电出力水平升高，而停机机组也能通过发电权转让获得一部分收入。

20．什么是省间交易？

省间交易是指不同省的电网企业与发电企业之间，或者受端电网企业与送端电网企业之间开展的购售电交易，相应电网企业按规定提供输配电服务。

21．省间交易的流程是什么？

省间交易的流程包括：需求申报、发布公告、双方协商（若有）、交易申报、交易出清、安全校核、结果发布、合同签订、安排计划、交易结算。其中：

（1）需求申报：市场主体将参加本次交易的交易需求通过线上或者线下的形式报送给相关交易中心。

（2）发布公告：根据交易品种创建交易序列，确定交易基本信息、条款信息、时间段信息、申报规则、流程信息、电力曲线信息、出清规则、交易路径信息、合同路径信息及出清点信息，按照准入规则选择准入市场主体，形成交易公告，审核通过后发布。

（3）交易申报：满足准入条件的市场主体，选择对应的交易序列，查看交易公告，按照交易公告信息进行交易数据申报。

（4）交易出清：在交易开标时将密文存储的申报数据进行解密，根据出清规则进行出清计算，形成无约束交易结果。

（5）安全校核：按照调度安全校核的结果，对不满足安全校核要求的交易进行调整，形成有约束交易结果。

（6）结果发布：中长期交易的无约束交易结果和有约束交易结果的审核、发布、查询。

（7）合同签订：电力交易平台采用电子合同，有约束交易结果发布后，购售双方无异议后即完成合同签订。

（8）交易结算：用电侧结算计算、结算结果发布、结算争议处理，根据确认后的用户电量数据、用户结算成分数据，按照结算规则计算得到各类结算成分的电量、电价、电费并进行结算结果发布，对有异议的结果支持争议处理。

22．如何获取参与交易的电厂名单？

根据相关调度、结算关系，按照政府主管部门要求及相关交易规则，确定参与交易的发电侧准入名单。电力交易公告中会将参与主体具体列出。

23．北京地区电力市场的竞价方式有哪些？

目前，北京地区电力市场竞价交易的方式主要以集中竞价为主。集中竞价是指市场主体集中申报交易电量和价格，电力交易机构按照一定规则进行出清，确定最终的成交对象、成交电量和价格。

24．什么是双边协商交易？价格形成机制是什么？交易流程是什么？

双边协商交易是指市场主体之间按有关规则自主协商交易电量、电力、电价，并通过电力交易平台进行申报确认、出清，经安全校核后形成最终交易结果。

双边协商交易价格形成的机制是购售双方在线下经过平等协商，形成交易意向电量、电价。

具体的交易流程为在交易公告发布后，购售双方按照线下达成的意向电量、电价在电力交易平台上进行申报并确认，形成初步交易结果，安全校核后，形成最终交易结果。

25．什么是集中竞价交易？价格形成机制是什么？交易流程是什么？

集中竞价交易是指所有市场主体均通过电力交易平台申报电量、电价等信息，以申报截止前最后一次的有效申报作为最终申报，经电网企业调度部门安全校核后，形成集中竞价交易结果。

集中竞价交易价格形成的机制共两种：一是统一边际电价法：所有成交电量均采用统一价格进行出清的方法；二是报价撮合法：将购电方、售电方申报价格（差）配对，形成竞争交易价格（差）进行出清的方法。

具体交易流程为在交易公告发布后，购售双方在电力交易平台申报电量、电价数据，电力交易平台按照集中交易出清机制，形成初步交易结果，安全校核后，形成最终交易结果。

26．什么是挂牌交易？价格形成机制是什么？交易流程是什么？

挂牌交易是指挂牌方市场主体通过电力交易平台，将购电的需求电量、电价或者可供销售的电量和价格等信息对外发布要约，由符合资质要求的另一方提出接受该要约的申请，摘牌成功后形成初步交易结果。

挂牌方牌面价格为意向价格，摘牌方进行摘牌即为接受该价格，双方成交。

交易公告发布后，市场主体在电力交易平台申报电量、电价数据，电力交易平台按照挂牌交易出清机制，形成初步交易结果，安全校核后，形成最终交易结果。

27．挂牌交易的方式和出清机制是什么？

参与挂牌交易的市场主体按照“时间优先”原则进行摘牌意愿申报。市场主体在挂牌交易期间只能进行一次挂牌申报，但可以摘牌多笔挂牌电量。如果同一笔挂牌电量被多家摘牌，则按照摘牌申报时间依序形成交易合同，电力交易平台根据摘牌意愿即时滚动更新剩余交易空间。

28．什么是滚动撮合交易？价格形成机制是什么？交易流程是什么？

滚动撮合交易是指在规定的交易起止时间内，市场主体可以随时提交购电或者售电电价、电量信息，电力交易平台按照时间优先、价格优先的原则进行滚动撮合成交。

购售双方按照电价信息排列，售方按照价格从降序排列，购方按照价格升序排列，购售双方有价格交叉时达成交易，成交电量为两者相比较小的电量。价格相同条件下，按照时间优先运作成交。

具体的交易流程为在交易公告发布后，市场主体在电力交易平台申报电量、电价数据，电力交易平台按照滚动撮合出清机制，形成初步交易结果，安全校核后，形成最终交易结果。

29．滚动撮合交易的方式和出清机制是什么？

滚动撮合交易是指在规定的交易起止时间内，市场主体随时提交购电或售电信息，电力交易平台按时间优先、价格优先的原则进行滚动的撮合成交。

购售双方按照电价信息排列，售方按照价格从降序排列，购方按照价格升序排列，购售双方有价格交叉时达成交易，成交电量为两者相比较小的电量。价格相同条件下，按照时间优先运作成交。

30．年度中长期合同签约的比例是多少？

《北京市城市管理委员会关于印发北京市 2023 年电力市场化交易方案、绿色电力交易方案的通知》（京管发〔2022〕30 号）文件中明确，“市场化电力用户 2023 年度中长期合同签约电量应高于上一年度用电量的 80%，鼓励市场主体签订一年期以上的电力中长期合同”。

31．什么是交易时序？

交易时序是指各类交易组织的时间顺序，首都电力交易中心每月通过电力交易平台定期对外进行发布，主要是为了明确次月零售电量确认、零售合同参数变更、交易组织、需求申报、提交履约保函等工作时间安排和次序。

32．什么是电力交易公告？

电力交易公告是指电力市场或电力交易平台发布的一种信息公告，旨在向参与市场或平台的各方提供关于电力交易的有关信息。该公告通常包括电力市场或电力交易平台的交易规则、交易程序、交易时限、交易价格等重要信息，以帮助市场参与者了解市场动态和交易机会，从而更好地参与电力市场交易，实现电力供需的平衡和优化。电力交易公告的内容通常是根据相关法规、政策、标准和规范制定的，具有权威性和可信度，是电力市场或电力交易平台运作的基础之一。同时，电力交易公告也是电力市场监管和合规管理的重要工具，有助于监测市场行为和交易结果，维护市场秩序和公平竞争，保障各方的合法权益。

33．什么是交易单元？

交易单元是参与交易的基本单位，分为买方单元和卖方单元。同一市场主体，可以在不同品种的交易中担任买方单元、卖方单元的不同角色。

初期，考虑国家政策补贴尚不明确，新能源企业原则上以项目期次为交易单元参与市场；未来随着市场补贴政策的逐步明确，考虑灵活定义交易单元，动态调整扩大交易单元范围，探索以场站、多能源组合体为交易单元参与市场。

售电公司、批发用户及新型市场主体以法人单位为交易单元参与中长期交易，非独立法人的批发用户、新型市场主体经法人单位授权，可作为交易单元参与中长期交易。

中长期交易的成交双方不能为同一交易单元。

34．北京地区的交易时段是怎样划分的？

2023 年北京市电力市场化交易申报分为以下四个时段：

（1）高峰时段：每日 10:00～15:00、18:00～21:00；

（2）平段：每日 7:00～10:00、15:00～18:00、21:00～23:00；

（3）低谷时段：每日 23:00～次日 7:00；

（4）夏季尖峰时段：7～8 月每日 11:00～13:00、16:00～17:00。

35．电力批发市场中，发电企业与用户、售电公司如何达成交易价格？

在电力批发市场中，发电企业、用户和售电公司可以通过多种方式达成交易价格，以下是其中的一些常见方式：

基于市场价格的交易：在一些电力市场中，市场价格由市场交易双方的供需关系和市场规则共同决定。发电企业、用户和售电公司可以通过参与市场交易，以市场价格达成交易。例如挂牌交易、滚动撮合交易。

通过竞价确定价格：在一些电力市场中，供需双方可以通过竞价的方式确定交易价格。发电企业、用户和售电公司可以向市场提交报价，市场规则根据这些报价确定交易价格。例如集中竞价交易。

通过协商达成价格：发电企业、用户和售电公司也可以通过协商的方式约定一定时期内的电力供应和价格。协商价格通常基于市场价格或其他相关因素，如供求关系和成本等进行调整。例如双边协商交易。

无论使用以上何种方式，电力批发市场中的交易价格通常是由供需双方自行商定的，而交易价格的确定也受到市场监管机构的监管。此外，在某些国家和地区，电力市场的价格可能受到政府调节或控制。

36. 北京地区电力直接交易价格和电网公司代理购电价格是否一致？

不完全一致。因为北京地区电力直接交易价格和电网公司代理购电价格的形成方式不同、购电成分不同，所以供电价格有可能一致，也可能不一致。

37. 电力中长期交易的批发交易和零售交易分别指什么？

电力批发交易是指发电企业与售电公司或电力大用户之间通过市场化方式进行的电力交易活动的总称。现阶段，是指发电企业、售电公司、电力大用户等市场主体通过双边协商、集中竞价等方式开展的中长期电量交易。

电力零售交易是指售电公司与电力用户之间开展的购售电交易。

38. 安全校核的主要内容是什么？

安全校核指由市场出清预先形成的无约束交易结果是否满足电网安全稳定的约束条件的过程。安全校核通过对电网未来运行断面进行基态潮流、静态安全分析、短路电流、灵敏度等计算分析，发现未来电网运行的危险点，以指导电力调度机构安排相关工作。

电力调度机构严格按照调度管辖范围开展中长期安全校核工作，对所出具的安全校核意见负责。各类交易必须通过电力调度机构安全校核，安全校核的主要内容包括：通道输电能力限制、电力电量平衡、机组发电能力限制、机组辅助服务限制等。

39. 安全校核不通过时如何处理？

按照同一输电通道等比例消减交易结果。

40. 电力中长期年度交易价格是否比月度交易价格优惠？

不一定，交易价格的形成主要受电力供需形式、交易意愿等影响。

41. 什么是电力中长期合同“六签”工作？

电力中长期合同“六签”是国家发展改革委对年度电力中长期合同签订的具体要求，“六签”包括全签、长签、见签、分时段签、规范签、电子签。

“全签”是指保障足量签约，年度以上中长期合同力争签约电量不低于前三年用电量平均值的80%，通过月度合同签订保障合同签约电量不低于90%～95%。未参与市场的经营性电力用户、优先发电企业也需参照中长期合同签约的相关要求，由电网企业与用户或发电企业签订合同。

“长签”是指对一年期以上长期交易合同予以优先安排、优先组织落实、优先执行。

“见签”是指通过电力交易机构的电力交易平台见签电力中长期交易合同。

“分时段签”是指起步阶段，对时段划分数量不做强制要求，区分为峰、平、谷段签订即可，也可以分成六段到十段，随着市场机制的不断完善逐步细化时段划分。有条件的地区可考虑按照季节性差异将一年各月划分高峰月、平段月和低谷月。政府和电网提供行业或地区的负荷曲线供主体参考。

“规范签”是指参照已有规则签订中长期合同。

“电子签”是指全面推进电力中长期合同签订平台化、电子化运转。

42．开展电力中长期合同“六签”工作的意义是什么？

电力中长期合同“六签”是推进电力市场化改革、发挥中长期交易“压舱石”作用、保障电力市场高效有序运行的重要举措，有利于解决当前市场建设中面临的关键问题，有利于进一步发挥市场在资源配置中的决定性作用，有利于落实国家清洁能源发展战略。

43．什么是优先发电？

优先发电是指国家计划、地方政府间协议或同等优先原则，优先出售的电力电量，包括纳入规划的可再生能源发电电量，水电、核电、余热余压余气发电以及跨省区国家计划、地方政府协议和历史形成的送电量，或应确定优先发电电量规模，结合电网安全、供需形势、电源结构等，科学安排可再生能源优先发电，或应明确年度电量规模及送受电曲线、交易价格等，纳入送、受电省优先发电计划，优先安排输电通道。

44．北京地区市场化交易合同的形式是什么？

北京地区市场化交易合同在电力交易平台生成，采取“承诺书＋交易公告＋交易结果”的方式，实现市场化交易合同电子化管理。

45．购售双方达成交易后，是否需要签订纸质合同？

购售双方在电力交易平台达成交易后，在电力交易平台生成电子合同，具有法律效力，无需再签订纸质合同。

46．电子交易合同在哪里查询？

电子交易合同在相关的电力交易平台查询。例如用户侧合同转让交易需通过首都电力交易平台查询。

47．何时可以进行市场干预？

根据《国家发展改革委 国家能源局关于印发〈电力中长期交易基本规则〉的通知》（发改能源规〔2020〕889 号），当出现以下情况时，电力交易机构、电力调度机构可依法依规采取市场干预措施：

（1）电力系统内发生重大事故危及电网安全的；

（2）发生恶意串通操纵市场的行为，并严重影响交易结果的；

（3）市场技术支持系统发生重大故障，导致交易无法正常进行的；

（4）因不可抗力电力市场化交易不能正常开展的；

（5）国家能源局及其派出机构作出暂停市场交易决定的；

（6）市场发生其他严重异常情况的。

48. 电力交易争议处置的流程是什么？

根据《国家发展改革委 国家能源局关于印发〈电力中长期交易基本规则〉的通知》（发改能源规〔2020〕889 号），电力批发交易发生争议时，市场成员可自行协商解决，协商无法达成一致时可提交国家能源局派出机构、地方政府电力管理部门调解处理，也可提交仲裁委员会仲裁或者向人民法院提起诉讼。

北京地区电力交易争议的处置流程为公开信息，请相关市场主体登录交易平台，通过信息披露模块查询“电力交易争议处置流程”相关信息。或下载使用 e-交易 App，选择“北京”站点，获取“电力交易争议处置流程”相关信息。

第四章

零售市场交易

1．什么是电力零售交易？

电力零售交易是指售电公司向零售用户售电，在约定周期内所提供电力交易相关服务的总称。

2．售电公司如何与电力用户建立代理关系？

新用户注册时，应在交易平台选择对应的用户类型（零售用户、直接交易用户）。用户完成注册后，拟由售电公司代理购电的，作为零售用户，须与售电公司签订市场化购电合同（代理协议），并在交易平台进行代理关系绑定，绑定关系生效后，方可由售电公司代理参与市场化交易。

（1）零售用户市场化购售电合同（代理协议）签署。

已注册生效的市场化用户和售电公司依法合规签订市场化购售电合同（代理协议），协议内容需包含交易中心发布的结算条款。若因法规、政策变化需变更协议或签署补充协议的，以电力交易平台最新通知为准。

（2）零售用户代理关系核对及确认。

1）售电公司与零售用户签订市场化购售电合同，并将一份原件提交至首都电力交易中心。

2）售电公司与零售用户在交易系统中按照要求填写并确认合同电量、电价与结算方案。

3）售电公司与零售用户在交易平台确认完成且交易中心核对通过，视为代理关系绑定成功。

3．北京地区零售套餐如何确定？

首都电力交易中心根据政府主管部门发布的年度交易工作安排，征求市场主体意见后，经政府主管部门同意，向市场发布适用于对应年度的零售套餐方案及模板。零售套餐方案作为零售合同的组成部分，售电公司和零售用户须按照发布的零售套餐方案约定双方交易结算相关信息，零售合同中售电公司和零售用户的权利、责任、义务等其他条款由双方自主协商约定。

4. 零售用户电量、电价的形成方式是什么？

售电公司与其代理的零售用户的合同电量、电价等由双方协商形成，不受第三方干预。电力、价格主管部门和市场监督管理部门、能源监管机构等依法对售电公司市场行为实施监管和开展行政执法工作。

5. 电力用户能同时参与电力批发、零售交易吗？

不能。参加市场化交易（含批发、零售交易）的电力用户全部电量需通过批发或者零售交易购买，且不得同时参加批发交易和零售交易。参加市场化交易的电力用户，允许在合同期满的下一个年度，按照准入条件选择参加批发或者零售交易。

6. 北京地区零售套餐的分类有哪些？

根据《北京市城市管理委员会关于印发北京市2023年电力市场化交易方案、绿色电力交易方案的通知》（京管发〔2022〕30号）有关要求，2023年北京地区电力零售套餐分为3类，分别为：

一是固定服务费套餐。零售用户向售电公司支付固定价格的购电服务费，售电公司与电厂达成的批发侧电能量交易价格直接全额传导至零售用户，零售用户交易到户价随售电公司批发侧电能量交易价格波动。

二是价差比例分成套餐。对于售电公司在批发侧达成的电能量交易价格与承诺价之间的差值（无论正负），售电公司和零售用户双方共同承担。零售用户交易到户价随售电公司批发侧电能量交易价格波动，购售电服务费也随售电公司批发侧电能量交易价格波动。

三是“固定服务费＋价差比例分成”组合套餐。即在价差比例分成基础上叠加固定服务费。

7. 北京地区售电公司售电收益如何计算？

售电企业零售市场售电收入与批发市场购电支出费用对冲结算资金为售电企业售电收益。

举例：根据A售电公司其合同及相应结算规则计算后，当月购电支出为100万元，其3个零售用户根据双方的购售电合同计算后，B用户当月的购电支出为10万元，C用户当月的购电支出为30万元，D用户当月的购电支出为70万元，则售电公司A当月的售电收益＝70＋30＋10－100＝10万元。

8. 北京地区零售用户购售电服务单价的计算方式是什么？

2023年，北京地区零售套餐按照以下方式约定购电服务单价：

（1）常规电力套餐。

零售用户常规电力购电价格 $F_{常}=A_{常}+(P_0-P)K$

A 常为固定价，取值可以为正值、零值、负值。

P_0 为售电公司向零售用户承诺的常规电力购电价格（北京 220kV 落地侧）。

P 为售电公司与电厂实际达成的常规电力购电价格（折算至北京 220kV 落地侧），P 的上限值为 431.76 元/MWh（北京地区燃煤基准价 359.8 元/MWh 上浮 20%）。

K 为售电公司效益分摊系数，取值范围为 $0 \leqslant K \leqslant 1$。当售电公司承诺价 $P_0 > P$ 时，售电公司效益分摊系数 K 记作 K_1，当售电公司承诺价 $P_0 \leqslant P$ 时，售电公司效益分摊系数 K 记作 K_2，根据售电公司和零售用户双方自愿协商，K_1 与 K_2 可以取相同值，也可取不同值。

（2）绿电套餐。

零售用户绿电购售电服务单价 $F_{绿} = A_{绿}$

$A_{绿}$为固定服务价，取值可以为正值、负值、零值。

在零售用户实际用电量中，绿电结算电量执行绿电购售电服务单价。

（3）偏差共担费用。

零售用户偏差电量为实际用电量与合同电量的差值。

售电公司所代理全部零售用户偏差共担费用的总额，不超过售电公司批发市场响应偏差支出费用。

售电公司和零售用户可协商偏差共担比例，零售用户承担比例为 G，售电公司承担比例为 $1-G$，（$0 \leqslant G \leqslant 1$）。

零售用户承担的偏差共担费用＝（售电公司所代理全部零售用户偏差共担费用总额÷售电公司所代理全部零售用户偏差电量绝对值之和）×甲方偏差电量绝对值×G

零售用户承担的偏差共担费用按实际用电量折价后纳入双方约定的购售电服务价格上下限计算。

因偏差免责等政策减免售电公司批发侧偏差考核的，相应零售用户偏差共担费用同时减免。

（4）购售电服务费。

购售电服务价格计算值 $F_{计}$＝（$F_{常}$×零售用户常规电力结算电量＋$F_{绿}$×零售用户绿电结算电量＋零售用户偏差共担费用）÷零售用户实际用电量

经售电公司和零售用户双方协商，可自行约定交易周期内购售电服务价格上限 $F_{上}$、下限 $F_{下}$，$F_{上} \geqslant 0$、$F_{下} \leqslant 0$，或不限制，单位为元/MWh。

若售电公司和零售用户双方约定上下限，当 $F_{计}$在上下限区间内，零售用户用电到户价格中 F 等于 $F_{计}$，超出上下限区间时，零售用户用电到户价格中 F

取相应的上下限值 $F_{上}$或 $F_{下}$。若甲乙双方对上下限不作限制，则零售用户用电到户价格中 F 等于 $F_{计}$。

零售用户向售电公司支付的购售电服务费等于购售电服务价格 F 与实际用电量的乘积。

当售电公司未在批发市场达成交易合同时，其代理的零售用户全部用电量按照批发市场超用电量价格结算，零售用户不向售电公司支付购售电服务费。由此产生的相关损失，由甲乙双方自行协商解决。

9．未按要求提交履约保函的售电公司是否可以参与电力零售市场交易？

依据《国家发展改革委 国家能源局关于印发〈售电公司管理办法〉的通知》（发改体改规〔2021〕1595 号）《关于印发〈北京市电力市场履约保障凭证管理工作指引（试行）〉的通知》（首都交易〔2022〕11 号），未按要求提交履约保函的售电公司不可以参与市场化直接交易。

对于未按时、足额提交履约保障凭证的售电公司，首都电力交易中心将进行书面提醒，售电公司在提醒后 3 个工作日内仍拒不足额缴纳的，将实施以下措施：

（1）取消其后续交易资格；

（2）在电力交易平台、“信用中国”网站等政府指定网站公布该售电公司相关信息和行为；

（3）报告地方主管部门，按照国家有关规定，对该企业法定代表人、自然人股东、其他相关人员依法依规实施失信惩戒；

（4）其所有已签订但尚未履行的购售电合同由地方主管部门征求合同购售电各方意愿，委托电力交易平台处理。

10．已签约售电公司的电力用户在绑定或公示期间出现争议，后续如何进行处理？

电力用户在绑定或公示期间出现争议，交易中心将视情况终止电力用户的注册、交易等相关操作。电力用户需与相关售电公司自行解决因此带来的问题。

11．零售用户何时能够进行零售合同结算参数信息的录入、变更？

零售用户每月均可进行零售合同结算参数信息的录入、变更。首都电力交易中心每月月底发布次月北京地区电力直接交易时序安排，零售用户在时序安排通知中规定的时间范围内均可开展零售合同结算参数信息的录入、变更工作。

12．零售合同结算参数信息录入、变更的办理流程是什么？

（1）零售合同结算参数信息录入流程：

售电公司在交易平台完成零售结算参数的创建及发布，零售用户在交易平台确认零售结算参数后，由售电公司提交至交易中心，同时需向交易中心提交一份双方盖章确认的纸质版《北京地区市场化购售电合同结算补充协议（2023年）》进行备案，交易中心核对无误后生效。

（2）零售合同结算参数信息变更流程：

交易平台操作方式与“参数录入”一致，同时需向交易中心提交一份双方盖章确认的纸质版《北京地区电力零售结算关键参数变更备案单（2023年）》进行备案。

13．零售用户月度计划用电量信息录入的流程是什么？

售电公司需向交易中心提交一份双方盖章确认的纸质版《北京地区电力零售结算关键参数变更备案单（2023年）》进行备案，同时在交易平台发起零售用户月度计划用电量参数录入，经零售用户确认后，将相关信息提交至首都电力交易中心，首都电力交易中心核对确认后生效。

第五章

绿电、绿证交易

1. 什么是新型电力系统，建设新型电力系统的目的是什么？

新型电力系统是以新能源为主体，区别于以传统化石能源为主的电力系统，是在双碳形势下承载能源革命历史使命的电力系统发展新阶段。新型电力系统深度融合低碳能源技术、先进信息通信技术与控制技术，以太阳能、风能等新能源发电为供给主体，以坚强智能电网为配置平台，以源网荷储高效互动和多能互补为重要支撑，具有清洁低碳、安全可控、灵活高效、智能友好、开放互动等特征。新型电力系统在源端实现高比例新能源受入，在网端实现各类资源高效灵活配置，在荷端实现多元化负荷柔性互动。构建新型电力系统，是贯彻落实我国能源安全新战略、实现“双碳”目标的重大需要。

2. 新型电力系统下电力市场的特征是什么？

随着“双碳”目标落实和新型电力系统构建，电力系统特征发生重大、根本性变化，电力市场设计也需要适应新的变化，主要体现在供给结构、电网形态、市场主体、平衡模式和成本特性等方面。新型电力市场将呈现五大特征，即市场建设目标多元化、电力商品价值多维化、电力市场空间分层化、需求侧资源聚合化、市场组织方式精细化。其中，电力市场建设目标多元化是指由以往提高电力行业运行效率的单一目标向“保安全、促转型、提效率”的多元目标进行转变。

电力商品价值多维化是指在新型电力系统下，随着新能源逐步成为装机、电量主体，电力商品的价值较以往出现细分，由以电能量价值为主，逐步向电能量价值、可靠性价值、灵活性价值以及绿色环境价值等多维价值体系转变。

电力市场空间分层化是指新能源快速发展呈现出能源基地集中开发和负荷中心分布式建设齐头并进的趋势，与之相适应，电力市场空间将呈现出整体多层化、范围扩大化、局部分散化的特点。一方面需要依托大电网互济能力实现集中式新能源大范围优化配置，另一方面依托微电网灵活调节能力实现分布式新能源就地消纳，提升整个电网新能源消纳能力。

需求侧资源聚合化是指随着新型电力系统加快构建，分布式电源、多元负荷、储能等新兴市场主体不断涌现，电力系统由原先“源随荷动”向“源网荷储”协同互动转变。需要不断挖掘需求侧资源调节能力，增大负荷弹性，促进参与市场互动和电网调节，实现“源网荷储”协调发展。

市场组织方式精细化是指传统电力市场电源设计，不需要考虑新能源的波动特性。新型电力系统条件下，市场运行模式需要主动适应新能源的发电特性，市场的组织方式要向精细化转型，确保市场与运行、中长期与现货的统筹衔接。

3．什么是可再生能源电力消纳责任权重？

可再生能源电力消纳责任权重是指按省级行政区域对电力消费规定应达到的可再生能源电量比重。

4．建立可再生能源电力消纳保障机制的目的和意义是什么？

为深入贯彻习近平总书记关于推动能源生产和消费革命的重要论述，加快构建清洁低碳、安全高效的能源体系，促进可再生能源开发利用，依据《中华人民共和国可再生能源法》《关于加快培育和发展战略性新兴产业的决定》《能源发展战略行动计划（2014～2020年）》，决定对各省级行政区域设定可再生能源电力消纳权重，建立健全可再生能源电力消纳保障机制。

5．北京地区承担可再生能源电力消纳责任的市场主体有哪些？

北京地区承担可再生能源电力消纳责任的市场主体分为两类。第一类包括国网北京市电力公司、独立售电公司、拥有配电网运营权的售电公司（包括增量配电项目公司）；第二类包括通过电力批发市场购电的电力用户和拥有自备电厂的企业。

6．可再生能源电力消纳责任权重指标分为哪几类？指标是怎么生成的？

可再生能源电力消纳责任权重包括可再生能源电力总量消纳责任权重和非水电可再生能源电力消纳责任权重两类。国务院能源主管部门组织有关机构按年度对各省级行政区域可再生能源电力消纳责任权重进行统一测算，向各省级能源主管部门征求意见。国务院能源主管部门结合各方面反馈意见，综合论证后向各省级行政区域下达当年可再生能源电力消纳责任权重。

7．可再生能源电力消纳量怎么确定？

可再生能源电力消纳量，包括可再生能源电力消纳总量和非水可再生能源电力消纳量。按下列方法确定：

（1）各省级行政区域内生产且消纳的可再生能源电量。

1）接入公共电网且全部上网的可再生能源电量，采用并网计量点的电量数据。

2）自发自用（全部或部分，以下同）可再生能源电量（含就地消纳的合同能源服务和交易电量），按电网企业计量的发电量（或经有关能源主管部门或国务院能源主管部门派出机构认可），全额计入各自发自用市场主体的可再生能源电力消纳量。

（2）区域外输入的可再生能源电量。

可再生能源发电企业与省级电网企业签署明确的跨省跨区购电协议的，根据协议实际执行情况计入受端区域消纳的区域外输入可再生能源电量。其他情况按以下方法处理：

1）独立“点对网”输入。

可再生能源发电项目直接并入区域外受端电网，全部发电量计入受端区域消纳量，采用并网计量点的电量数据。

2）混合“点对网”输入。

采取与火电或水电打捆以一组电源向区域外输电的，受端电网消纳的可再生能源电量等于总受电量乘以外送电量中可再生能源电量比例。

外送电量中可再生能源电量比例＝送端并网点计量的全部可再生能源上网电量×送端并网点计量的全部上网电量

3）省间电网跨区域输入电量中可再生能源电量，通过电力交易方式进行的，根据电力交易机构的结算电量确定；通过省间送电协议进行的，根据省级电网与相关电厂结算电量确定；无法明确的，按送端省级电网区域可再生能源消纳电量占区域全社会用电量比例乘以输入受端省级电网区域的总电量认定。

4）跨省际“网对网”输入。

跨省际区域未明确分电协议或省间协议约定可再生能源电量比例的跨省跨区输电通道，按该区域内各省级行政区域全社会用电量占本区域电网内全社会用电量的比重，计算各省级行政区域输入的可再生能源电量。即：

i 省级行政区域内输入可再生能源电量

$$=\text{可再生能源输入量}\times\left(\frac{i\text{省级行政区域全社会用电量}}{\sum_{i=1}^{n} i\text{省级行政区域全社会用电量}}\right)$$

n 表示区域电网内包含的省级行政区域数目。

（3）特殊区域。

京津冀地区（北京、天津、冀北、河北南网）接入的集中式可再生能源发电项目和区域外输入的可再生能源电量，按全社会用电量比例分摊原则计入各区域消纳量，各自区域内接入的分布式可再生能源发电量计入各自区域的消纳量。

8. 什么是可再生能源电力超额消纳量市场化交易？

可再生能源电力超额消纳量市场化交易是指向超额完成年度消纳量的市场主体购买其超额完成的可再生能源电力消纳量，双方自主确定转让（或交易）价格。

9. 可再生能源电力消纳责任的履行方式和履行步骤有哪些？

各承担消纳责任的市场主体以实际消纳可再生能源电量为主要方式完成消纳量，同时可通过以下补充（替代）方式完成消纳量。

（1）向超额完成年度消纳量的市场主体购买其超额完成的可再生能源电力消纳量（简称“超额消纳量”），双方自主确定转让（或交易）价格。

（2）自愿认购可再生能源绿色电力证书（简称绿证），绿证对应的可再生能源电量等量记为消纳量。

10. 如何考核可再生能源电力消纳责任权重的完成情况？

省级能源主管部门会同经济运行管理部门对本省级行政区域承担消纳责任的市场主体消纳量完成情况进行考核，按年度公布可再生能源电力消纳量考核报告。各省级能源主管部门会同经济运行管理部门负责督促未履行消纳责任的市场主体限期整改，对未按期完成整改的市场主体依法依规予以处理，将其列入不良信用记录，予以联合惩戒。

11. 什么是绿电？什么是绿电交易？

绿色电力（简称绿电）是指符合国家有关政策要求的风电、光伏等可再生能源发电企业上网电量。市场初期主要指陆地集中式风电和光伏发电企业上网电量，根据国家有关要求和市场建设发展需要，绿色电力范围将可逐步扩大至符合条件的水电、生物质发电、光热发电、地热发电等各类可再生能源上网电量。

绿电交易是指以绿色电力产品为标的物的电力中长期市场交易，用以满足市场主体出售、购买绿电的需求，并为购买绿电的电力用户提供绿证。目前，只有符合要求的集中式风电和光伏发电的平价项目电量（2021年以后核准的）、带补贴保障性项目自愿放弃可再生能源补贴的电量才可以参与绿电交易。

12. 绿电交易的相关政策有哪些？

绿电交易的相关政策包括：《国家发展改革委 国家能源局关于积极推进风电、光伏发电无补贴平价上网有关工作的通知》（发改能源〔2019〕19号）、《国家发展改革委 国家能源局关于绿色电力交易试点工作方案的复函》（发改体改〔2021〕1260号）、《国家发展改革委 国家能源局关于加快建设全国统一电力市场体系的指导意见》（发改体改〔2022〕118号）、《国家发展改革委办公厅 国家能源局综合司关于有序推进绿色电力交易有关事项的通知》（发改办体改〔2022〕821号）、《国家发展改革委等部门关于印发〈促进绿色消费实施方案〉的通知》（发改就业〔2022〕107号）等。《国家发展改革委 财政部 国家能源局关于享受中央政府补贴的绿电项目参与绿电交易有关事项的通知》（发改体改〔2023〕75号）。

13．什么是“e-交易”平台，它和新一代电力交易平台的功能作用分别是什么？

“e-交易”平台是电力市场服务的统一入口。e交易包括App和北京电力交易中心统一门户网站，是国家电网有限公司开展电力市场服务的统一入口。“e-交易”平台是电力交易的前端系统，新一代电力交易平台为用户通过移动端参与交易申报提供中台支撑。

14．北京地区绿电交易开展了哪些工作？

2019年以来，首创北京电力公司代理冬奥场馆购电模式，高标准完成8次冬奥绿电交易，北京冬奥组委获得全国首张绿证，率先在国际上实现冬奥会赛事全绿色用能，奥运史上首次实现场馆百分百绿电供应；2022年6月首家组织政府行政办公区全绿电交易，协调引入山西1.82亿kWh清洁能源，助力城市副中心打造高比例绿电应用示范区；2021年9月首批参与国家发展改革委绿电交易试点，在全国率先实现市场用户以电网公司代理方式参与省间绿电交易机制，成交绿电近1亿kWh。2022年，在充分总结绿电试点交易的基础上，持续推动本地市场化用户参与绿电交易，共组织完成9场次绿电交易，参与用户达79家次、达成交易合同122笔、成交电量4亿kWh，协助北京城市副中心核心办公区、国家电网有限公司总部、中国华能集团有限公司总部等实现100%绿电供应，电源主要来自山西、蒙东地区。2023年已组织绿电交易4场次，总成交5.4亿kWh，覆盖城市副中心核心办公区、国家电网有限公司总部、中国石化燕山石化公司、中国联合网络通信集团有限公司、北京奔驰汽车有限公司等34家用户，电源主要来自山西、蒙东地区。

根据前期市场调研，预计2023年绿电交易电量将超过10亿kWh，预计“十四五”末年需求量达到50亿kWh。

15．对于推动北京地区绿电交易，首都电力交易中心都开展了哪些工作？

促进省间清洁能源合作。主动与山西、蒙东等可行交易伙伴密切沟通，为市场化有绿电需求的外向型企业、重要用户锁定绿电额度，满足北京用户绿色用能需求。持续为政府深化省间能源合作，建立政府间长期绿电供应保障合作机制做好支撑，有效保障首都绿色电力供应。

促请国家电网有限公司华北分部协助推动绿电入京。一是促请华北分部在年度省间送电计划中，安排更多清洁能源入京的送电空间，保障北京市绿电消纳消费容量。二是积极配合华北分部，争取华能上都等直调“点对网”电厂配套绿电电量分配侧重保障首都需求，扩大北京地区绿色电力供给。目前正在协同华北分部编制相关交易方案，预计今年上半年可组织交易。

以深化北京地区电力市场建设为主线，以满足市场主体需求、促进清洁能源消纳为导向，将“建设首都特色的能源交易市场，助力构建新兴产业发展格局”列为重点工作，先后出台稳固送电渠道、强化供需统筹、提供特色服务等多项举措。随着北京地区绿电市场建设拉开序幕，市场机制逐步优化完善，市场建设遇到的问题逐步得到解决，绿电市场发展前景更加广阔。

16．什么是绿证？什么是绿证交易？

绿证是国家对发电企业每兆瓦时非水可再生能源上网电量颁发的具有唯一代码标识的电子凭证，通过国家能源局可再生能源发电项目信息管理平台对绿色电力颁发，作为绿色电力环境权益的唯一凭证。绿证核发范围主要包含风电、光伏发电，后续根据政策要求可逐步扩大至其他可再生能源发电项目。

绿证交易是以绿证为标的物的市场交易，是对绿电交易的重要补充，绿证是将来考核消纳量的唯一凭证，是消费侧促进绿色消费的重要政策，也将是新能源进入电力市场体现其绿色属性、保证其合理收益补偿的重要依据。绿证交易可为用户满足能耗双控、可再生能源消纳责任权重等考核要求提供履约手段，可以更加灵活地满足广大用户绿色电力消费需求。

17．核发和划转绿证的机构有哪些？

目前，核发绿证的机构为国家可再生能源信息管理中心。划转绿证的机构包括北京电力交易中心、广州电力交易中心及国家可再生能源信息管理中心。

18．开展绿电交易的意义是什么？

绿电交易是为适应新型电力系统转型，电力市场化发展而产生的全新的电力交易品种，能够体现电力的绿色属性与环境价值，帮助新能源企业投资发展，是满足用户侧绿色电力消费需求、为企业（外向型等）提供绿色消费凭证的主要电力市场机制，是实现“双碳”目标的重要途径。

19．绿证交易的相关政策有哪些？

2017 年 2 月，国家发展改革委、财政部、国家能源局三部委联合发布了《国家发展改革委 财政部 国家能源局关于试行可再生能源绿色电力证书核发及自愿认购交易制度的通知》（发改能源〔2017〕132 号），提出在全国范围内试行绿证核发和自愿认购，绿证交易正式启动。

2019 年 5 月，国家发展改革委、国家能源局发布了《国家发展改革委 国家能源局关于建立健全可再生能源电力消纳保障机制的通知》(发改能源〔2019〕807 号)，将自愿认购绿证作为完成消纳责任权重的补充方式之一。

2020 年 1 月，《关于促进非水可再生能源发电健康发展的若干意见》(财建〔2020〕4 号）明确提出，自 2021 年 1 月 1 日起，实行配额制下的绿色电力证书交易，同时研究将燃煤发电企业优先发电权、优先保障企业煤炭进口等与绿证挂钩，持续扩大绿证市场交易规模，并通过多种市场化方式推广绿证交易。

2021 年 2 月，《国务院关于加快建立健全绿色低碳循环发展经济体系的指导意见》(国发〔2021〕4 号）明确提出，推广绿色电力证书交易，引领全社会提升绿色电力消费。

2022 年 1 月，《国家发展改革委等部门关于印发〈促进绿色消费实施方案〉的通知》(发改就业〔2022〕107 号）明确提出，进一步激发全社会绿色电力消费潜力，落实新增可再生能源和原料用能不纳入能源消费总量控制要求，统筹推动绿色电力交易、绿证交易。

20．碳市场的交易品种有哪些？

我国碳市场可分为全国碳市场和地方碳市场，全国碳市场的交易品种是碳排放配额（CEA），即碳配额现货；地方碳市场以地方配额交易为主，CCER 等交易产品作为重要补充。

全国碳市场承担主体仅纳入了电力行业重点排放企业，纳入全国碳排放权交易市场的重点排放单位不再参与地方碳排放权交易试点市场。国内碳市场覆盖行业如表 5.1 所示。

表 5.1　　国内碳市场覆盖行业

碳市场	地点	上线交易时间	碳配额交易覆盖行业
全国碳市场	全国	2021.07.16	电力
地方试点碳市场	深圳	2013.06	工业：电力、天然气、供水、制造； 非工业：大型公共建筑、公共交通
	北京	2013.11	工业：电力、热力、水泥、石化、其他工业； 非工业：事业单位、服务业、交通运输业
	上海	2013.11	工业：电力、钢铁、石化、化工、有色、建材、纺织、造纸、橡胶和化纤； 非工业：航空、机场、水运、港口、商场、宾馆、商务办公建筑和铁路站点

续表

碳市场	地点	上线交易时间	碳配额交易覆盖行业
地方试点碳市场	广东	2013.12	电力、水泥、钢铁、石化、造纸、民航
	天津	2013.12	电力、热力、钢铁、化工、石化、油气开采、造纸、航空和建筑材料
	湖北	2014.02	电力、热力、有色金属、钢铁、化工、水泥、石化、汽车制造、玻璃、陶瓷、供水、化纤、造纸、医药、食品饮料
	重庆	2014.06	电力、电解铝、铁合金、电石、烧碱、水泥、钢铁
	福建	2014.09	电力、石化、化工、建材、钢铁、有色金属、造纸、航空和陶瓷
	四川	2016.12	无限制

注 依据《碳排放权交易管理办法（试行）》（生态环境部令 第19号）第十三条：纳入全国碳排放权交易市场的重点排放单位，不再参与地方碳排放权交易试点市场。

碳排放市场的主体包括重点排放单位、监管机构、交易机构、核查机构等。重点排放单位由生态环境主管部门确定，生态环境主管部门按照重点排放单位的确定条件，制定重点排放单位名录，向国务院生态环境主管部门报告，并向社会公开。监管机构主要是生态环境主管部门，负责组织开展碳排放配额分配和清缴、温室气体排放报告的核查等相关活动，并进行监督管理。交易机构承担碳排放权注册登记系统账户开立和运行维护等具体工作。核查机构是生态环境主管部门，可以通过政府购买服务的方式，委托技术服务机构开展核查，核查技术服务机构应当对核查结果的真实性、完整性和准确性负责。

21. 什么是CCER？什么是CCER交易？

CCER即为国家核证自愿减排量，全称为Chinese Certified Emission Reduction。国家核证自愿减排量（CCER）是指对我国境内特定项目的温室气体减排效果进行量化核证，在国家温室气体自愿减排交易注册登记系统中登记的温室气体减排量，可用于控排企业抵消自身的碳排放。“核证”指的是一个CCER项目在进入市场前，首先需要经过一系列严格的量化考察以及层层备案，“自愿”指的是这一交易标的有别于国家强制划分的碳排放配额，是一种环保减排项目主动发起的减排活动。

CCER交易指本质上是一种碳抵消机制，即控排企业向实施“碳抵消”活动的企业购买可用于抵消自身碳排的核证量。国内目前仅有试点碳市场（北京、上海、广东、深圳、湖北、天津、重庆、四川、福建）开放了CCER交易，控排企业可以在全国碳市场直接购买其他企业的排放配额，也可以选择在CCER市场上购买基于环保项目的自愿减排量用于抵消自己的碳排放量。但由于

CCER 项目种类广泛，所涉技术繁多，为避免过多的 CCER 涌入本地对碳配额市场造成冲击，在各地的 CCER 试点中，或多或少都规定了 CCER 可用于抵消的比例，基本在 5%～10%不等。CCER 抵消机制不仅可以扩大碳市场参与主体，以市场化补偿手段，促进林业、清洁能源等环境友好型产业发展，还可以降低控排企业的履约成本。

22．参与电力市场交易的新型储能主体的准入条件是什么？

（1）应当是具有法人资格、财务独立核算、信用良好、能够独立承担民事责任的经济实体。

（2）独立储能主体应签订并网调度协议，接入调度自动化系统可被电网监控和调度，具备电力、电量数据分时计量与传输条件，数据准确性与可靠性满足要求。

（3）配建储能设施转为独立储能主体注册，应符合第（1）、（2）条要求，并向调度、交易机构备案。

（4）新型储能主体参与电能量市场、辅助服务市场、容量市场的最大充放电功率不低于 5 MW，调节容量不低于 10MWh，持续充电时间不低于 2h。

（5）在完成站内计量、控制等系统改造并符合相关技术要求后，配建储能设施与所属电源主体可视为同一市场主体，相关注册信息可在所属电源主体注册信息中补充。

23．新型储能主体注册时须提供哪些信息和资料？

（1）工商信息：主要包括企业名称、统一社会信用代码（同一统一社会信用代码不可重复注册）、住所、注册资本、营业期限、经营范围，上传营业执照扫描件。

（2）法定代表人信息：主要包括证件类型、法定代表人姓名及证件号码。

（3）银行开户信息：主要包括开户银行、开户名称、开户账号。

（4）联系信息：主要包括通信地址、地理区域、邮编、联系人姓名、手机号、办公电话、邮箱。

（5）投资主体关系和实际控制关系信息、股权占比情况。

（6）电站（机组）信息：

1）电站基本信息：调度名称、交易单元名称、装机容量、电站类型、储能类型、商业性质、电站状态、所属地市、调度对应关系、首次并网时间等；

2）电站参数：额定充电功率、调节容量、最大充放电功率、最大持续充放电时间、充放电爬坡速率等；

3）用电单元编号、发电客户编号、关口计量点名称等；

4）并网调度协议、购售电合同等。

24．新型储能主体如何申请注销？

自愿退市的新型储能主体应提前向电力交易机构提出退市申请，通过交易平台提交注销资料。已参与电力市场交易的新型储能主体，应提前45个工作日向电力交易机构提交退出申请，终止交易月之前（含当月），购售电合同由该储能主体（电站）继续履行，或通过自主协商的方式完成购售电合同处理。

25．新型储能主体满足哪些条件可办理自愿退市（市场注销）手续？

新型储能主体满足下述情况之一可办理自愿退市（市场注销）手续：

（1）市场主体宣告破产，新型储能主体（电站）不再运行；

（2）国家政策、电力市场规则发生重大调整，导致原有新型储能主体（电站）非自身原因无法继续参与市场的情况；

（3）电网网架调整，导致新型储能主体（电站）的充放电物理属性无法满足市场准入条件。

26．绿电、绿证与碳市场之间的关系是什么？

在推进“双碳”目标的政策框架中，我国现存在绿电交易、绿证交易、碳市场三种促进能源绿色低碳转型的市场机制。绿电交易以实际消纳新能源为导向，用户通过参与交易履行消纳责任，随交易执行同步完成绿色价值向用户转移。绿电交易开启了我国绿证与物理电量捆绑交易新模式，有益于促进新能源电量的物理消纳，其组织方式和流程更有利于与国际认证接轨，满足外向型用户需求。绿证交易则以绿色环境权益为导向，强调绿电环境权益的归属关系。绿证作为权证类交易，可为市场主体履行可再生能源消纳责任提供补充手段。碳市场是另一项促减排的重大机制，绿电市场与碳市场两套机制在释放环境价值信号方面有着共同性。北京市作为碳交易市场试点省份，已率先实现用户每消费1MWh绿电其碳排放相应就会减少0.604t，在碳核查时充分考虑了用户消费绿电的因素，对这部分予以抵扣。而随着全国碳市场中石化、化工、建材、钢铁、有色金属等行业陆续进入碳市场，如果碳市场能够从机制上充分认可绿电的减碳价值，使二者形成有效衔接，企业对于绿电消费更有动力，将大大促进绿电市场需求。

绿电交易、绿证交易和碳市场要系统推进，将绿电交易实现的减排效果核算到相应用户的最终碳排放结果中，进而激励更多的企业参与绿电交易，促进电-碳市场协同发展，形成强大合力，共助“双碳”目标的实现。

27．带补贴新能源项目参与绿电交易的政策是什么？

2023年2月15日，《国家发展改革委 财政部 国家能源局关于享受中央政府补贴的绿电项目参与绿电交易有关事项的通知》(发改体改〔2023〕75号)下发，对稳妥推进享受国家可再生能源补贴的绿电项目参与绿电交易，更好实现绿色电力环境价值提出有关要求。风电、光伏、生物质等可再生能源项目(含有补贴项目、平价上网项目)可全部参与绿色电力市场化交易。

享受国家可再生能源补贴的绿色电力，参与绿电交易时高于项目所执行的煤电基准电价的溢价收益等额冲抵国家可再生能源补贴或归国家所有；发电企业放弃补贴的，参与绿电交易的全部收益归发电企业所有。只有当溢价空间远远超过补贴金额且收益处于相对稳定的情况下，新能源企业可能会放弃补贴参与绿电交易。

由国家保障性收购的绿色电力可参加绿电交易或绿证交易。保障收购并享受国家补贴的项目，由电网或承担可再生能源发展结算服务的机构统一参加绿电或绿证交易，溢价收益及对应的绿证交易收益等额冲抵国家可再生能源补贴或归国家所有。交易方式包括双边、挂牌以及集中竞价等。

选择参加电力市场化交易的绿色电力可直接参与绿电、绿证交易。对应的溢价收益则在核发可再生能源补贴时等额扣减，可委托电网或结算机构代其参加绿电或绿证交易。

绿电交易结算电量占上网电量比例超过50%且不低于本地区绿电结算电量平均水平的绿电项目可优先兑付补贴。对于一直未拿到补贴但资金紧张急需现金流的发电企业来说极具吸引力。市场溢价收益专账管理、定向使用，专项用于解决可再生能源补贴缺口。此项政策对我国绿电交易市场的发展具有重大影响和意义。

28．什么是分布式发电市场化交易?

依据《国家发展改革委 国家能源局关于开展分布式发电市场化交易试点的通知》(发改能源〔2017〕1901号)，分布式发电是指接入配电网运行、发电量就近消纳的中小型发电设施，分布式发电市场化交易即分布式发电项目与配电网内就近电力用户进行电力交易。

29．国家对参与分布式发电市场化交易的项目有何要求?

依据《国家发展改革委 国家能源局关于开展分布式发电市场化交易试点的通知》(发改能源〔2017〕1901号)，参与分布式发电市场化交易的项目应满足以下要求：接网电压等级在35kV及以下的项目，单体容量不超过20MW(有自身电力消费的，扣除当年用电最大负荷后不超过20MW)。单体项目容量超过20MW但不高于50MW，接网电压等级不超过110kV且在该电压等级范围内就近消纳。

30．国家相关部委规定的分布式发电市场化交易的模式有哪些？

依据《国家发展改革委 国家能源局关于开展分布式发电市场化交易试点的通知》（发改能源〔2017〕1901 号），分布式发电与配电网内就近电力用户进行电力交易，电网企业（含社会资本投资增量配电网的企业）承担分布式发电的电力输送并配合电力交易机构组织分布式发电市场化交易，按政府核定的标准收取“过网费”。考虑各地区推进电力市场化交易的阶段性差别，可采取以下其中之一或多种模式：

（1）分布式发电项目与电力用户进行电力直接交易，向电网企业支付“过网费”。交易范围首先就近实现，原则上应限制在接入点上一级变压器供电范围内。

（2）分布式发电项目单位委托电网企业代售电，电网企业对代售电量按综合售电价格，扣除“过网费”（含网损电）后将其余售电收入转付给分布式发电项目单位。

（3）电网企业按国家核定的各类发电的标杆上网电价收购电量，但国家对电网企业的度电补贴要扣减配电网区域最高电压等级用户对应的输配电价。

31．目前，我国哪些省份开展了分布式发电市场化交易？

依据《国家发展改革委办公厅 国家能源局综合司关于公布 2019 年第一批风电、光伏发电平价上网项目的通知》（发改办能源〔2019〕594 号），目前共有 10 个省（市）开展分布式发电市场化交易试点工作，分别是湖北省、河南省、山西省、黑龙江省、天津市、江苏省、宁夏回族自治区、河北省、陕西省、安徽省。

32．国家对于分布式发电参与市场化交易有关补贴政策标准如何确定？

纳入分布式发电市场化交易的可再生能源发电项目建成后纳入可再生能源发展基金补贴范围，按照全部发电量给予补贴，光伏发电、风电度电补贴标准适度降低，省级及以下地方政府可制定额外的补贴政策。

33．“过网费”标准如何制定？

根据国家能源局新能源司相关解答，省级价格主管部门依据国家输配电价改革有关规定制定“过网费”。

34．北京地区分布式发电市场化交易的现状是什么？

北京地区目前未纳入分布式发电市场化交易试点地区，“过网费”、交易规则等基础性政策暂未出台，分布式发电项目上网电量由电网企业按政府定价统一收购。

第六章

市场化交易结算

1．北京地区电力中长期交易结算规则主要涉及哪些文件？

目前，北京地区主要按照《国家发展改革委 国家能源局关于印发〈电力中长期交易基本规则〉的通知》（发改能源规〔2020〕889号）、《国家发展改革委关于进一步深化燃煤发电上网电价市场化改革的通知》（发改价格〔2021〕1439号）、《国家发展改革委办公厅关于组织开展电网企业代理购电工作有关事项的通知》（发改办价格〔2021〕809号）、《华北能源监管局关于印发〈京津唐电网电力中长期交易规则〉的通知》（华北监能市场〔2020〕221号）、《华北能源监管局关于印发〈京津唐电网电力中长期交易结算规则（试行）〉的通知》（华北监能市场〔2020〕250号）、《华北能源监管局关于明确2022年京津唐电网电力中长期交易有关事项的通知》（华北监能市场〔2021〕212号）、《北京市城市管理委员会关于印发北京市2023年电力市场化交易方案、绿色电力交易方案的通知》（京管发〔2022〕30号）、《北京市城市管理委员会关于北京市电力中长期交易偏差电量免责有关工作的通知》（京管发〔2023〕2号）、《关于印发〈北京电力交易中心绿色电力交易实施细则〉的通知》（京电交市〔2022〕24号）等文件要求开展中长期交易结算工作。

2．市场用户的用电价格由哪几部分构成？

市场化用户的用电价格由上网电价、上网环节线损费用、输配电价、系统运行费用、政府性基金及附加等构成，促进市场用户公平承担系统责任。其中系统运行费用包括辅助服务费用、抽水蓄能容量电费等。

3．跨区跨省交易受电地区落地价格由哪几部分构成？

跨区跨省交易受电地区落地价格由电能量交易价格（送电侧）、输电价格、辅助服务费用、输电损耗构成。

4．北京地区电力用户执行的输配电价格政策文件是什么？

目前，北京地区电力用户输配电价格按照《国家发展改革委关于印发〈区域电网输电价格定价办法〉的通知》（发改价格规〔2020〕100号）、《国家发展改革委关于第三监管周期区域电网输电价格及有关事项的通知》（发改价格〔2023〕532 号）、《国家发展改革委关于印发〈省级电网输配电价定价办法〉的通知》（发改价格规〔2020〕101 号）、《国家发展改革委关于第三监管周期省级电网输配电价及有关事项的通知》（发改价格〔2023〕526 号）等执行。如遇政策调整，按照调整后的政策执行。

5．市场化用户输配电费如何收取？

电网企业按照政府价格主管部门核定的输配电价和实际用电量计收输配电费。

6．华北区域电网输电价格收取标准是什么？

根据《国家发展改革委关于第三监管周期区域电网输电价格及有关事项的通知》（发改价格〔2023〕532 号）规定，华北电网输电价格按照两部电价执行，包含容量电价和电量电价。其中，电量电价为 0.0082 元/kWh（不含线损），容量电价为北京 0.0190 元/kWh、天津 0.0137 元/kWh、冀北 0.0058 元/kWh，容量电价随各省级电网终端销售电量收取。

根据《国家发展改革委关于第三监管周期区域电网输电价格及有关事项的通知》（发改价格〔2023〕532 号）规定，京津唐电网范围内，位于北京、天津、河北境内的电厂参与京津唐地区交易电量不纳入华北电网电量电费计收范围，不收取区域电网电量电价和线损。位于北京、天津、河北以外的电厂参与京津唐电网交易，收取区域电网电量电费，电量电价为 0.0082 元/kWh（不含线损）。

7．京津唐电网范围内，北京地区市场化用户与位于北京、天津、河北境内的电厂交易，与非上述三个区域的电厂交易，收取的华北电网输电价格有何不同？

京津唐电网范围内，位于北京、天津、河北境内的电厂参与京津唐地区交易电量不纳入华北电网电量电费计收范围。即京津唐电网范围内，当北京地区用户与北京、天津、河北境内的电厂交易时，不收取华北区域电网电量电价（0.0082 元/kWh），与其他电厂交易时，需收取华北区域电网电量电价（0.0082 元/kWh）。

8．华北区域电网输电网损如何收取？

华北区域电网输电网损率按照国家电网有限公司华北分部向政府主管部门报备的《关于第二核价周期华北区域电网输电网损的说明》执行，为 2.72%。

9．北京地区市场化用户电力交易上网电价和北京电网 220kV 落地侧价格有何不同？

北京地区市场化用户 220kV 落地侧价格包含上网电价、上级电网输配电价及上网环节线损费用。如北京地区用户与京津唐范围内托克托电厂达成交易，托克托电厂上网电价叠加华北区域电网电量电价、华北区域电网线损折价后的价格，即为北京电网 220kV 落地侧价格。

10．北京电网输配电价如收取？

北京电网输配电价按照《国家发展改革委关于第三监管周期省级电网输配电价及有关事项的通知》（发改价格〔2023〕526 号）执行：执行工商业（或大工业、一般工商业）用电价格的用户（以下简称工商业用户），用电容量在 100kVA 及以下的，执行单一制电价；100～315kVA 之间的，可选择执行单一制或两部制电价；315kVA 及以上的，执行两部制电价，现执行单一制电价的用户可选择执行单一制电价或两部制电价。选择执行需量电价计费方式的两部制用户，每月每千伏安用电量达到 260kWh 及以上的，当月需量电价按核定标准 90%执行。每月每千伏安用电量为用户所属全部计量点当月总用电量除以合同变压器容量。工商业用户用电价格由上网电价、上网环节线损费用、输配电价、系统运行费用、政府性基金及附加组成。上网环节线损费用按实际购电上网电价和综合线损率计算。系统运行费用包括辅助服务费用、抽水蓄能容量电费等。北京电网输配电价表如表 6.1 所示。

表 6.1 北京电网输配电价表

<table>
<tr><th colspan="2" rowspan="3">用电分类</th><th colspan="4" rowspan="2">电量电价
（元/kWh）</th><th colspan="6">容（需）量电价</th></tr>
<tr><th colspan="3">需量电价
［元/（kW·月）］</th><th colspan="3">容量电价
［元/（kVA·月）］</th></tr>
<tr><th>不满 1kV</th><th>1～10（20）kV</th><th>35～110 kV</th><th>220 kV 及以上</th><th>1～10（20）kV</th><th>35～110 kV</th><th>220kV 及以上</th><th>1～10（20）kV</th><th>35～110 kV</th><th>220kV 及以上</th></tr>
<tr><td rowspan="2">工商业用电</td><td>单一制</td><td>0.4100</td><td>0.3900</td><td>0.3200</td><td>0.2750</td><td></td><td></td><td></td><td></td><td></td><td></td></tr>
<tr><td>两部制</td><td></td><td>0.2065</td><td>0.1660</td><td>0.1510</td><td>51</td><td>48</td><td>45</td><td>32</td><td>30</td><td>28</td></tr>
</table>

注 1. 表中各电价含增值税、区域电网容量电费、对居民和农业用户的基期交叉补贴，不含政府性基金及附加、上网环节线损费用、抽水蓄能容量电费。
2. 原包含在输配电价内的上网环节线损费用在输配电价外单列，上网环节综合线损率为 4.10%。
3. 原包含在输配电价内的抽水蓄能容量电费在输配电价外单列，第三监管周期各年度容量电费分别为 6.84 亿元、7.41 亿元和 7.41 亿元（含税）。
4. 工商业用户执行上述输配电价表，居民生活、农业生产用电继续执行现行目录销售电价政策。

11．北京地区市场主体电费如何结算？

发电企业上网电量电费由电网企业结算支付；电力用户向电网企业缴纳电费，并由电网企业承担电力用户侧欠费风险，电力用户承担电费违约责任；售电企业按照电力交易机构出具的结算依据与电网企业结算。

12. 北京地区市场化用户电费结算周期是多久？

目前，北京地区市场化用户按照月度开展电费结算。

13. 市场化用户的基本电价等如何计收？

市场化用户的基本电价、政府性基金及附加、峰谷分时电价、功率因数调整等按照电压等级和类别按实收取，上述费用均由电网企业根据国家以及省有关规定进行结算。

14. 哪几种情形由电网企业代理购电需按照电网企业代理其他用户购电价格的1.5倍执行？

（1）已直接参与市场交易在无正当理由情况下改由电网企业代理购电的用户；

（2）拥有燃煤自备电厂由电网企业代理购电的用户；

（3）暂不能直接参与市场交易的由电网企业代理购电的高耗能用户。

15. 京津唐区域市场化交易结算基本原则是什么？

发电企业与电力用户（售电企业）电量解耦结算。电力用户、售电企业交易各时段合同电量（购售合同电量）和偏差电量分开并同步结算，零售用户按其与售电公司合同约定，合同电量和偏差电量也应当月同步完成结算。合同电量根据中长期交易合同约定的电量、电价结算，偏差电量按照偏差电量结算规则结算。

16. 发电企业偏差电量的定义是什么？

发电企业偏差电量指发电企业因自身原因引起的超发或者少发电量，超发电量获得售电费用，少发电量支付购电费用。

17. 用电侧偏差电量的定义及计算方法是什么？

电力用户、售电企业实际用电量与各类交易合同（购售合同）总电量的差值部分为偏差电量，偏差电量分时段计算。实际用电量超出对应时段合同电量部分计为超用电量，实际用电量低于对应时段合同电量部分计为少用电量。

各时段偏差电量＝各时段实际用电量－（各类交易合同购入电量－各类交易合同售出电量）

售电企业各时段实际用电量为其签约零售用户相应时段用电量之和。

18. 用电侧偏差电量如何结算？

合同电量按照交易合同约定电量结算，偏差电量部分按照超用电量和少用电量分别结算，电力用户、售电企业支付超用电量电费，获得少用电量电费收入。

北京地区电力直接交易用户、售电企业火电交易偏差超用电量部分按照以下价格分时段结算。

$$P_{超用}=\max\left[P_{月度竞价出清价},\ P_{时段合同电价}\right]\times U_1$$

$$P_{少用}=\min\left[P_{月度竞价出清价},\ P_{时段合同电价}\right]\times U_2$$

$P_{超用}$为用户侧合同偏差超用电量结算价格；

$P_{少用}$为用户侧合同偏差少用电量结算价格；

$P_{月度竞价出清价}$为当月竞价交易的出清电价；

$P_{时段合同电价}$为电力用户（售电企业）当月的该时段双边交易加权平均电价；

U_1、U_2为调节系数，由各省（市）确定并提前发布，产生的不平衡资金按照各省（市）实际情况分摊。

19．偏差调节系数 U_1、U_2 的取值范围是什么？政策依据是什么？

依据《华北能源监管局关于印发〈京津唐电网电力中长期交易结算规则（试行）〉的通知》（华北监能市场〔2020〕250号）文件要求，偏差调节系数 $U_1\geq1$，偏差调节系数 $U_2\leq1$。2023年，北京地区参与直接交易的批发交易用户调节系数 $U_1=1.05$，$U_2=0.95$，后续如遇政府主管部门根据市场运行情况调整，按调整后参数执行。

20．什么是偏差结算差额资金？

偏差结算差额资金为电力用户、发电企业偏差电量结算，造成电网企业购电成本的损益。

21．偏差结算差额资金的分摊原则是什么？

北京地区偏差结算差额资金的分摊原则由北京市城市管理委员会根据本地市场运营情况确定和发布，并适时调整。目前北京市城市管理委尚未发布2022年分摊规则，2023年分摊方式尚未确定。

22．北京地区零售用户如何结算？

零售用户合同电量、零售交易电价、偏差电量由电力交易机构按照售电企业与零售用户签订的代理合同进行清分和结算。2023年，北京地区零售用户、售电公司的零售市场结算以双方在首都电力交易中心备案生效的《北京地区市场化购售电合同结算补充协议（2023年）》《北京地区电力零售结算关键参数变更备案单（2023年）》和零售用户实际用电量为依据。

23．偏差电量免考核的申请主体是谁？

目前，偏差电量免考核的申请主体为参与批发交易的市场主体。

24．哪些情形下，直接交易用户可以申请调整或调减偏差考核？

符合以下情况的，经认定后执行偏差电量免责。

（1）政策因素：指在电力用户月度抄表周期内，电力用户执行市（区）政府（部门）临时发布的减产能、重污染天气等导致电力用户用电量减少的相关政策的。

（2）电网因素：指在电力用户月度抄表周期内，因电网公司主动采取有序用电和拉路序位措施或临时停电、故障停屯等影响电力用户正常用电的。

（3）不可抗力因素：指在电力用户月度抄表周期内，因不能预见、不能避免且不能克服的客观因素导致电力用户用电量减少的。

鼓励批发交易用户通过参加月度、月内（多日）、合同电量转让交易等方式减少偏差电量。

25．申请偏差免考需提交哪些相关材料？

申请主体应按以下情况提交相关材料。

（1）属于免责范围中“政策因素”的，需提供市（区）政府（部门）临时发布的减产能、重污染天气等有关文件及产能减少执行情况材料。

（2）属于免责范围中“电网因素”的，需提供国网北京市电力公司（区供电公司）调控中心的停电记录和恢复送电时间记录等；国网北京市电力公司（区供电公司）发布的有序用电和拉路序位方案（通知）及电量影响情况材料。

（3）属于免责范围中“不可抗力因素”的，需提供市（区）政府（部门）发布的有关文件及电力用户产能减少执行情况材料。

（4）偏差电量免责预申请表。

（5）偏差电量免责申请。

（6）偏差电量免责计算依据等相关材料。

偏差电量免责预申请表和偏差电量免责申请式样详见《北京市城市管理委员会关于北京市电力中长期交易偏差电量免责有关工作的通知》（京管发〔2023〕2号）。

26．北京地区偏差免考的执行标准是什么？

依据相关文件材料，并结合实际执行情况，执行全部或部分偏差电量免责、电力用户提交的偏差免责电量不得大于当月抄表周期内的“交易合同电量与实际用电量之差”；售电公司偏差免责电量按签约零售用户实际偏差免责电量的总和核定；电力用户结算时，偏差免责电量不超过该用户实际产生的偏差电量。交易合同电量分为批发交易电力用户交易合同电量和零售用户交易合同电量。参与批发交易的电力用户的交易合同电量指当月全部交易合同电量总和；零售用户的交易合同电量指市场化购售电合同或市场化购售电合同结算补充协议中双方约定的当月合同电量。如售电公司与零售用户在交易平台录入或变更电量与上述电量不一致，电量以平台数据为准。

（1）属于免责范围中“政策因素”的，在提供相关政策文件的前提下，依据实际执行情况给予全部或部分免责。执行免责电量按照发布政策实际执行时间计算。

（2）属于免责范围中“电网因素”的，在提供相关材料的前提下，执行免责电量按照实标停电小时数计算；对于实施有序用电的情况，按照电力负荷峰低数值及实际安排小时数计算。

（3）属于免责范围中“不可抗力因素”的，在提供相关材料的前提下，执行免责电量按照影响小时数计算。

偏差免责电量的调节系数 U2 取值为 1。

27. 北京地区直接交易用户偏差免考的申请流程是什么？

（1）电力市场化交易过程中，申请主体自行判定可能因政策、电网、不可抗力因素影响正常用电时，应于当月抄表周期内向市城市管理委提交偏差电量免责预申请表。市城市管理委在收到预申请后，将会同有关单位随机开展现场抽查，相关市场主体应积极配合抽查工作。

（2）符合偏差电量免责条件的批发交易用户，于次月 9 日前（如遇节假日顺延），向市城市管理委提交上月偏差电量免责申请及其他全部相关材料（含电子版）。如需修改、补充，市城市管理委将于 3 个工作日内一次性告知，申请主体应于次月 15 日前（如遇节假日顺延）补充报送相关材料。未按时提交或未按要求修改、补充的将不予受理。

（3）市城市管理委确认材料符合偏差电量免责条件后，于次月 27 日前（如遇节假日顺延）将符合偏差电量免责条件的市场主体名单及偏差电量免责情况告知首都电力交易中心。

（4）国网北京市电力公司、首都电力交易中心按照市城市管理委确认的偏差电量免责市场主体名单及偏差电量免责情况，根据《北京市城市管理委员会关于北京市电力中长期交易偏差电量免责有关工作的通知》（京管发〔2023〕2 号）中“五、免责标准”进行偏差结算，并于结算前在电力交易平台发布偏差电量免责及结算结果，相关申请主体可登录电力交易平台进行查看。

28. 北京地区市场化用户的月度抄表例日是什么？

每月最后一日 24:00（次月第一日 00:00）。

29. 北京地区市场化用户的计量数据如何确定？

电网企业应按照电力市场结算要求定期抄录发电企业（机组）和电力用户

电能计量装置数据，并将计量数据提交电力交易机构。对计量数据存在疑义时，由具有相应资质的电能计量检测机构确认并出具报告，由电网企业组织相关市场成员协商解决。

30．参与市场化交易的用户电能计量装置的要求是什么？

为保证直接参与市场交易用户电量电费结算准确，根据《关于优化调整北京地区工商业用户市场注册有关事项的说明》（首都交易〔2022〕8 号）文件要求，参与市场化交易的用户须为具备远程采集能力的抄表结算后付费用户。如现场表计尚不具备“远程采集”抄表功能，需先配合所属供电公司装设并调通远程采集装置；如非抄表结算后付费用户，需先至所属供电公司营业厅履行相关变更业务手续，改为抄表结算后付费模式。

31．高压电力用户新装（增容）办理电能表流程是什么？

用电客户可在“网上国网”App 或至所属供电公司营业厅申请办理高压新装（增容）业务，在供电公司正式受理业务申请之后，经方案答复、审计审查（符合条件的非重要客户，结合典型设计推广应用情况，此环节可取消）、中间检查（符合条件的非重要客户，结合典型设计推广应用情况，此环节可取消）、竣工验收及装表接电等环节后，流程办理完毕。

32．低压电力用户新装（增容）办理电能表流程是什么？

用电客户可在“网上国网”App 或至所属供电公司营业厅申请办理低压新装（增容）业务。低压非居民客户在供电公司正式受理业务申请之后，经方案答复、竣工验收及装表接电等环节后，流程办理完毕。

33．核抄的具体流程是什么？

供电公司在每月 1 日 0 点，通过远程采集方式抄录直接参与市场交易用户电能表 0 点冻结数据，经供电公司人员核查无误后，将用户上月用电量信息推送首都电力交易中心进行清分。

34．营销业务系统与交易平台数据如何实现对接？

营销业务系统与交易平台之间建立数据传输接口，实现相关数据交互。

35．为什么要在正式结算前进行计量点确认？

如用电客户在正式结算前申请办理变更用电业务，新增或拆除相关计量点，在正式结算前进行计量点确认，可避免新增或拆除的计量点用电未按市场化合同进行结算。

36．市场主体结算依据发布周期、发布时间如何安排？

结合京津唐电网电力中长期交易结算实际情况，承担交易职能的市场运营机构向市场主体出具结算依据，市场主体根据现行规定进行电费结算。结算依据按月发布，在月初 5 个工作日之内发至相关市场主体核对。如遇相关政策调整或其他不可抗力因素，首都电力交易中心将另行通知。

37．交易中心向市场成员出具的结算依据包括哪些内容？

（1）发电企业结算依据。

实际上网电量；优先发电合同和各类市场交易合同结算电量、电价和电费；偏差电量、电价和电费；分摊的结算资金差额或盈余资金；新机组调试电量、电价和电费等。

（2）批发电力用户结算依据。

各类市场交易合同结算电量、电价和电费；偏差（超用和少用）电量、电价和电费；分摊的结算资金差额或盈余资金等。

（3）零售电力用户结算依据。

根据售电企业提供合同和结算方案（包含偏差电量结算约定）计算形成的结算电量（包含偏差电量）、电价、电费；分摊的结算资金差额或盈余资金等。

（4）售电企业结算依据。

与发电企业签订的各类市场交易合同结算电量、电价和电费；与零售用户根据合同和结算方案（包含偏差电量结算约定）计算形成的结算电量（包含偏差电量）、电价和电费；与零售用户分摊的结算资金差额或盈余资金等。售电企业零售市场售电收入与批发市场购电支出费用对冲结算。

（5）电网企业结算依据。

省间、省内优先发电合同和各类市场交易合同结算电量、电价和电费；偏差电量、电价和电费；分摊的结算资金差额或盈余资金。

38．市场化用户如何查询到自己的结算单信息？

市场化用户可登录首都电力交易平台（https://pmos.bj.sgcc.com.cn），通过账号密码登录后，在“我的结算”功能模块中查询资金的结算单信息。

39．用户市场化交易结算单的发布时间是什么时候？

市场化用户的交易结算单一般在月初前 5 个工作日内发布，如遇相关政策调整或其他不可抗力因素，首都电力交易中心将另行通知。

40．市场主体对结算结果有争议，应如何处理？

市场主体收到结算依据后，应进行核对确认，如有异议在 1 个工作日内通知相应市场运营机构，逾期视同没有异议。市场运营机构应在收到市场主体结算争议的 1 个工作日内给予回复。北京地区市场主体在结算结果确认期间，如对结算结果有争议，可通过首都电力交易平台发起结算结果争议，也可通过首都电力交易中心服务热线（010-63121234）反馈相关争议。

41．如何处理市场化用户的电量电费退补？

由于政策调整、电量计量差错等原因，需要进行电费追退时，应根据政策要求和修正后的数据重新计算，新结算结果与历史结算结果的差额部分作为追退补费用，并在次月进行结算。

42．什么是电网公司的新增损益？政策依据是什么？

电网公司的新增损益指电网企业为保障居民、农业用电价格稳定产生的新增损益（含偏差电费），按月由全体工商业用户分摊或分享。政策依据为《国家发展改革委办公厅关于组织开展电网企业代理购电工作有关事项的通知》（发改办价格〔2021〕809号）。

43．电网公司新增损益的查询方式是什么？

电网企业代理购电价格、代理购电用户电价按月测算，并提前3日通过网上国网App、微信公众号、国网北京市电力公司官网、95598网站、供电营业厅等线上线下服务渠道进行公布。用电客户可通过上述服务渠道，在国网北京市电力公司代理购电价格表中查询保障居民农业用电价格稳定的新增损益折合度电水平数据。

44．市场主体经协商无法对结算结果达成一致时如何处理？

市场主体经协商无法对结算结果达成一致时，按照国家有关法律法规、国家能源局及华北能源监管局的相关规定处理，具体方式有：协商解决；申请调解或裁决；提请仲裁；提请司法诉讼。

第七章

服务及信息公开

1. 交易机构市场服务的“八项”承诺是什么？

一是遵守国家政策、法律、法规，严格执行市场交易规则及相关管理规定。

二是公平对待市场主体，无差别无歧视开放市场，维护市场主体合法权益。

三是公正组织市场交易，尊重市场主体意愿，不以任何方式操纵市场。

四是公开市场交易信息，及时汇总、整理、分析、披露和发布市场交易信息。

五是促进资源优化配置，落实国家能源战略，提升能源资源配置效率。

六是坚持绿色发展理念，促进节能减排，促进清洁能源发展和优先消纳。

七是保障交易信息安全，强化保密措施，不泄露市场主体私有信息和商业机密。

八是优质服务市场主体，规范办理交易业务。

2. 交易机构市场服务“一口对外”制度是什么？

坚持“一口对外”为客户提供多种渠道业务受理，做到“内转外不转”。加强公司交易专业协同与知识共享，不让客户多头联系，力争诉求一次解决。

3. 电力交易大厅能够受理什么业务？

一是受理涉及各类发电企业、电网企业、配售电公司、电力用户等市场主体的注册、信息变更、新机入市、转商、注销、退市等书面资料。

二是受理发电企业、售电公司、电力用户、配售电公司等市场主体入市和交易平台使用的合同签订、新机并网的购售合同签订及续签合同事宜。

三是受理零售用户和售电公司的代理关系绑定，以及零售结算关键参数调整变更的备案。

四是受理使用电力交易平台的市场成员数字证书绑定。

五是受理参与北京地区市场化交易的售电公司提交和退还履约保障凭证的相关事宜。

六是受理参与北京地区绿电交易意向书和零售用户绿电协议的备案。

4．电力交易大厅客服人员的职责是什么？

一是电力交易业务受理。负责市场主体注册、交易组织、结算等业务的书面资料受理工作，并向各社会主体传达相关通知。

二是交易大厅的服务管理。负责完善交易大厅功能与作用；负责制定交易大厅规范运营方案；负责推进大厅按标准规范支撑公司各项业务；负责交易大厅讲解演示，操作展示大屏设备及来宾接待；负责大厅设备日常维护；负责更新交易大厅物品配置。

三是问询答复服务受理。负责各类问询答复，优化问询答复处理流程；分析总结市场主体需求、困难、疑问；负责热线接听答复，通过记录汇总统计分析各类诉求，反馈至相关部门，负责提出业务完善提升方案。

四是平台市场成员的档案管理。研究制定建立档案管理机制，做好档案的接收、整理、分类、编号、装盒、统计、保管及归档工作。

5．首都交易业务问询的渠道有哪些？

关注“首都电力交易中心”微信公众号，点击菜单栏“关于我们”，点击“联系方式”。“联系方式”中包含首都电力交易中心各种服务渠道，包括热线电话、官方网址、对外邮箱等。

6．市场主体服务诉求应答流程是什么？

首都电力交易中心通过不同服务渠道接收到用户诉求后，如果能及时反馈结果，客服人员将对问题作出解答，用户咨询后可对客服工作作出满意度评价。如果客服人员不能及时回复，客服人员会把问题记录下来，转至交易中心内部相关专业处室处理，1 个工作日内完成问题解答，由客服人员致电客户反馈处理结果。

7．投诉举报的渠道是什么？

发电企业、售电公司、电力用户等各类市场主体办理入市注册、重大信息变更、退市注销等业务的对外公示期间，任何单位和个人如有异议，可通过来电、来信、来访等方式向首都电力交易中心实名反映（联系电话：010-63128233，传真：010-63128162，邮箱：sddljyzxscb@163.com，邮寄地址：北京市西城区前门西大街 41 号）。

各类市场主体如发现首都电力交易中心相关人员的服务行为不规范或违反廉洁纪律，可通过来电、来信、来访等方式向首都电力交易中心实名反映（联系电话：010-63121234，邮箱：sddljyzx@163.com，邮寄地址：北京市西城区前门西大街 41 号）。

8．交易中心的服务评价渠道有哪些？

各类市场主体可通过电话、邮箱、微信公众号等方式对交易中心的服务进行评价和提出建议意见。此外，首都电力交易中心每年定期组织市场满意度调查或用户需求调研，市场主体可进行评价。

9．首都电力交易中心的营业时间是什么？

工作日 8:30~11:30、13:30~17:30。

10．首都电力交易中心的邮寄地址是什么？

北京市西城区前门西大街 41 号。

11．首都电力交易中心交易在线客服如何激活？

关注“首都电力交易中心”微信公众号，在文本框中输入文字，激活在线客服。

12．首都电力交易中心微信公众号是什么？

首都电力交易中心微信公众号包含“首都电力交易中心”和“首都电力交易信息”。“首都电力交易中心”是服务号，多用于在线客服；“首都电力交易信息”是订阅号，多用于信息发布。

13．电力交易信息披露的主体是谁？

电力交易信息披露的主体是指参与电力市场化交易的市场成员，包括发电企业、售电公司、电力用户、电网企业和市场运营机构。市场运营机构包括电力交易机构和电力调度机构。

14．为何要定期开展电力交易信息披露？

电力交易信息披露是重要的市场制度之一，其作用主要体现在两个方面：一是可有效帮助市场成员了解市场运行情况，消除市场成员间的信息不对称，包括电网情况、市场交易情况、其他主体信息等，是促进市场成员间充分竞争的基础条件。二是可推动电力市场化交易更加公平、公开、透明，有利于政府相关部门、监管机构对市场主体行为进行监管，以及市场成员间互相监管。

15．电力交易信息披露包含哪几类信息？

按照信息公开范围，电力现货市场信息分为公众信息、公开信息、私有信息和依申请披露信息四类。

（1）公众信息是指向社会公众披露的信息。

（2）公开信息是指向所有市场成员披露的信息。

（3）私有信息是指向特定的市场主体披露的信息。

（4）依申请披露信息是指仅在履行申请、审核程序后向申请人披露的信息。

16．电网公司信息披露的主要内容包括哪些？

（1）电网企业应当披露的公众信息包括：

1）企业全称、企业性质、工商注册时间、营业执照、信用代码、法人、联系人、联系方式、供电区域、政府核定的输配电线损率等。

2）与其他市场主体之间的关联关系信息。

3）政府定价类信息，包括输配电价、各类政府性基金及其他市场相关收费标准等。

4）电网主要网络通道示意图。

5）其他政策法规要求向社会公众公开的信息。

（2）电网企业应当披露的公开信息包括：

1）电力业务许可证（输电类）、电力业务许可证（供电类）编号。

2）市场结算收付费总体情况及市场主体欠费情况。

3）电网企业代理非市场用户的总购电量、总售电量、平均购电价格、平均售电价格等。

4）各类型发电机组装机总体情况，各类型发用电负荷总体情况等。

5）电网设备信息，包括线路、变电站等输变电设备投产、退出和检修情况等。

6）全社会用电量、重点行业用电量等。

17. 市场运营机构信息披露的主要内容包括哪些？

（1）市场运营机构应当披露的公众信息包括：

1）机构全称、机构性质、机构工商注册时间、股权结构、营业执照、信用代码、法人、组织机构、业务流程、服务指南、联系方式、办公地址、网站网址等。

2）电力市场适用的法律法规、政策文件。

3）电力市场规则类信息，包括交易规则、交易相关收费标准，制定、修订市场规则过程中涉及的解释性文档，对市场主体问询的答复等。

4）信用评价类信息，包括市场主体电力交易信用信息、售电公司违约情况等。

5）其他政策法规要求向社会公众公开的信息。

6）市场暂停、中止、重新启动等情况。

（2）市场运营机构应当披露的公开信息包括：

1）公告类信息，包括电力交易机构财务审计报告、信息披露报告等定期报告，经国家能源局派出机构或者地方政府电力管理部门认定的违规行为通报，市场干预情况，第三方校验报告等。

2）交易公告，包括交易品种、交易主体、交易规模、交易方式、交易准入条件、交易开始时间及终止时间、交易参数、出清方式、交易约束信息、交易操作说明、其他准备信息等。

3）交易计划及其实际执行情况等。

4）市场主体申报信息和交易结果，包括参与交易的主体数量、交易总申报电量、成交的主体数量、最终成交电量、成交均价等。

5）市场出清类信息，包括出清电价、出清电量，备用总量、备用价格，输电断面约束及阻塞情况，各电压等级计算网损等。

6）交易结算情况，不平衡资金明细及每项不平衡资金的分摊方式等。

（3）市场运营机构应当向特定市场主体披露其私有信息，包括：

1）中长期结算电量及结算电价。

2）结算类信息，包括月结算单、电费结算依据等。

18. 发电企业信息披露的主要内容包括哪些？

（1）发电企业应当披露的公众信息包括：

1）企业全称、企业性质、所属发电集团、工商注册时间、营业执照、统一社会信用代码（以下简称信用代码）、法定代表人（以下简称法人）、联系方式、电源类型、装机容量、所在地区等。

2）企业变更情况，包括企业减资、合并、分立、解散及申请破产的决定；或者依法进入破产程序、被责令关闭等重大经营信息。

3）与其他市场主体之间的关联企业信息。

4）其他政策法规要求向社会公众公开的信息。

（2）发电企业应当披露的公开信息包括：

1）电厂机组信息，包括电厂调度名称、电力业务许可证（发电类）编号、机组调度管辖关系、投运机组台数及编号、单机容量及类型、投运日期、接入电压等级；单机最大出力、核定最低技术出力、核定深调极限出力；机组出力受限的技术类型，如流化床、高背压供热等。

2）机组出力受限情况、机组检修及设备改造计划等。

（3）发电企业私有信息包括：

1）中长期交易结算曲线、电力市场申报电能量价曲线、上下调报价、机组启动费用、机组空载费用、辅助服务报价信息等。

2）机组爬坡速率、机组边际能耗曲线、机组最小开停机时间、机组预计并网和解列时间、机组启停出力曲线、机组调试计划曲线、调频、调压、日内允许启停次数、厂用电率、热电联产机组供热信息等机组性能参数。

3）机组运行情况，包括出力及发电量等。

4）各新能源发电企业日前、实时发电预测。

5）发电企业燃料、燃气供应情况、存储情况、燃料供应风险等。

6）非国际河流水电企业来水情况、水库运行情况等。

19. 售电公司信息披露的主要内容有哪些？

（1）售电公司应当披露的公众信息包括：

1）企业全称、企业性质、售电公司类型、工商注册时间、注册资本金、营业执照、信用代码、法人、联系方式、信用承诺书、资产总额、股权结构、年最大售电量等。

2）企业资产证明、从业人员相关证明材料、资产总额验资报告等。

3）企业变更情况，企业减资、合并、分立、解散及申请破产的决定；或者依法进入破产程序、被责令关闭等重大经营信息。

4）与其他市场主体之间的关联关系信息。

5）其他政策法规要求向社会公众公开的信息。

（2）售电公司应当披露的公开信息包括：

1）拥有配电网运营权的售电公司应当披露电力业务许可证（供电类）编号、配电网电压等级、配电区域、配电价格等信息。

2）履约保函缴纳信息（如有）。

（3）售电公司私有信息包括：

中长期交易结算曲线、电力市场申报电能量价曲线、与代理电力用户签订的相关合同或者协议信息、与发电企业签订的交易合同信息等。

20. 电力用户信息披露的主要内容有哪些？

（1）电力用户应当披露的公众信息包括：

1）企业全称、企业性质、行业分类、用户类别、工商注册时间、营业执照、信用代码、法人、联系方式、主营业务、所属行业等。

2）企业变更情况，包括企业减资、合并、分立、解散及申请破产的决定；或者依法进入破产程序、被责令关闭等重大经营信息。

3）与其他市场主体之间的关联关系信息。

4）其他政策法规要求向社会公众公开的信息。

（2）电力用户应当披露的公开信息包括：

企业用电类别、接入地区、年用电量、用电电压等级、供电方式、自备电源（如有）、变压器报装容量以及最大需量等。

（3）电力用户私有信息包括：

1）电力用户用电信息，包括用电户号、用电户名、结算户号、计量点信息、用户电量信息、用户用电曲线等。

2）中长期交易结算曲线、批发用户电力市场申报电能量价曲线、可参与系统调节的响应能力和响应方式等。

21．电力交易信息披露的主要方式有哪些？

（1）电力交易机构总体负责电力现货市场信息披露的实施，创造良好的信息披露条件，制定信息披露标准格式，开放数据接口。电力交易机构应当设立信息披露平台，信息披露平台原则上以电力交易机构现有信息平台为基础。

（2）信息披露主体按照标准格式通过信息披露平台向电力交易机构提供信息，由电力交易机构通过信息披露平台发布信息。

22．市场主体如对披露的相关信息有异议或疑问，如何处理？

社会主体通过电话、邮件等方式联系交易中心，交易中心联系市场主体进行处理。

23．电力交易平台披露信息查询路径是什么？

市场主体可通过各电力交易中心交易平台首页的信息披露平台链接查询信息。各电力交易中心根据交易范围进行相关信息发布。公开信息可直接进行查看，其他类型信息需要市场主体在交易平台登录账户后根据权限进行查看。

第八章

电力交易信息平台

1．首都电力交易平台的网址是什么？

https://pmos.bj.sgcc.com.cn。

2．电力交易平台的服务范围是什么？平台具有哪些功能模块？

电力交易平台服务的对象是所有市场主体。平台具有市场管理、现货交易、中长期交易、市场结算、市场主体准入、管理员注册、退市、代理关系维护等模块。

3．电力交易平台的技术特点是什么？

电力交易平台是基于 J2EE 和 B/S 模式的应用技术架构、大数据分析技术以及分布式集中交易系统技术。

4．用户登录电力交易平台网站，输错几次密码会被锁定账户？

用户登录电力交易平台，账号输入错误 5 次会被锁定，10min 后将自动解锁。

5．电力交易平台用户名、密码忘记了，应该如何处理？

如用户已绑定手机号或邮箱，可登录电力交易平台首页，选择“忘记密码”，根据系统流程进行操作，即可找回密码。如未进行手机号或邮箱绑定，可通过首都电力交易中心客服热线进行咨询。

6．电力交易平台用户名、密码被锁，应该如何处理？

用户名、密码被锁，10min 后可自动解锁。需注意解锁后再次输入的用户名或密码是否正确。

7．电力交易平台 URL 报错，应该如何处理？

可清除浏览器缓存，再次登录。若再次登录后还提示报错，可通过首都电力交易中心客服热线进行咨询。

8．电力交易平台是否需要安装插件？

需要安装 UKey 相关功能插件，可在登录首页下载。

9．电力交易平台无法登录，应该如何处理？

当电力交易平台无法正常登录时，一是需确认是否由于账号密码不正确导致无法登录；二是需确认是否由于证书弱口令密码不正确导致无法登录，需注意证书是否已安插，相关插件是否已安装。若以上问题均无误，可联系交易中心客服进行反馈。

10．电力交易平台无法变更客户联系人信息，应该如何处理？

用户可登录首都电力交易平台，在企业信息中选择基本信息页面进行联系人变更。需注意是否存在在途业务，若存在其他变更业务流程，须完成当前变更业务流程，才可进行下一流程变更。在变更过程中若出现其他问题，可通过首都电力交易中心客服热线进行咨询。

11．电力交易平台企业基本信息无法变更，应该如何处理？

用户可登录首都电力交易平台，在企业信息中选择基本信息页面进行变更。需注意是否存在其他流程变更，若存在其他变更业务流程，须完成当前变更业务流程，才可进行下一流程变更。在变更过程中若出现其他问题，可通过首都电力交易中心客服热线进行咨询。

12．单个市场主体是否可以在电力交易平台申请多个账号？

可以申请多个账号，可通过首都电力交易中心客服热线进行咨询。

13．登录电力交易平台时，提示“请先安装插件，然后插入相应的证书”该怎么办？

登录交易平台需使用证书登录，需安装 UKey 相关插件，可根据系统提示进行插件安装。

14．登录电力交易平台时，提示“数字证书未识别”或“用户与证书不匹配”该怎么办？

一是检查 UKey 是否已插入，以及相关插件是否已安装；二是需确认插入证书 ID 是否与交易平台绑定证书 ID 一致。若无法确认，可联系交易中心客服进行反馈。

15．登录电力交易平台时，提示“用户名和密码不匹配”该怎么办？

需检查输入用户名或密码是否正确，若无法确认可联系交易中心客服进行反馈。

16．电力交易平台绑定数字证书的要求是什么？

电力交易平台绑定数字证书的要求是一个账号只可以绑定一个证书，如已办理多个证书，则不可以交叉使用。市场主体通过 sddljyzx@163.com 邮箱或者“首都电力交易中心”微信公众号，将市场主体的首都电力交易平台登录账号信息和数字证书信息提交至首都电力交易中心进行绑定。关于数字证书绑定的其他问题可联系首都电力交易中心客服进行咨询。

17．电力交易平台网址无法正常访问，应该如何处理？

一是检查电脑网络是否已连接，二是确认交易系统是否在检修维护阶段，若无法确认可通过“首都电力交易中心”微信公众号在线客服进行反馈。

18．电力交易平台对浏览器有无要求？

平台支持当前各大主流浏览器，推荐优先使用谷歌浏览器。

19．售电公司在不同电力交易平台注册相同的账号，是否影响平台登录？

影响。售电公司在不同交易平台注册相同账号会导致账号重复校验，所以不可以在不同电力交易平台注册相同账号。

20．登录电力交易平台是否一定需要数字证书？

根据首都电力交易中心要求，用户登录交易平台需使用数字证书登录。

21．数字证书办理的主要流程事项和操作流程从哪里下载？

可登录交易平台首页，点击信息披露，可在此进行查询或下载。

22．数字证书的初始密码是什么？

数字证书的初始密码为123456。

23．数字证书密码忘记了，应该如何处理？

可自行联系数字证书办理机构解锁，首都交易中心无法找回。

24．数字证书绑定的具体流程是什么？

市场主体需提交主体相关信息及证书信息至交易中心，交易中心在完成绑定操作后，市场主体可使用证书登录。

25．单个售电公司持有数字证书的数量有限制吗？

无数量限制，但交易平台一个主体账号只可绑定一个证书。

26．一个交易平台账号是否可以绑定多个数字证书？

不可以，交易平台一个主体账号只可绑定一个证书。

27．一个数字证书是否可以用于多个交易平台账号？

可以，但是同一个证书只可以在其他交易平台绑定所对应主体的一个账号使用，不可以绑定多个账号。

28．是否可以更换数字证书？

可以，更换数字证书请参照第16条内容提交相关绑定信息。

29．数字证书的有效期是多久，如果过期，应该如何处理？

在购买数字证书时，可以选择证书年限。具体问题可联系证书发行机构进行咨询。

30．购买数字证书后需要购买发票，应该如何处理？

在购买数字证书时，告知办理证书机构需开具发票即可。当前使用中国金融认证中心 CFCA 证书用户，详情请咨询 4001851123。

31．数字证书被锁定，应该如何处理？

数字证书密码输错 5 次会被锁定，具体问题联系证书机构（电话：4001851123）进行咨询。

32．如何获取电力交易平台的用户操作手册？

可登录交易平台首页，点击信息披露，可在此进行查询或下载。

33．如何获得电力交易平台的技术支持？

可通过“首都电力交易中心”微信公众号在线客服进行反馈。

34．如何对电力交易平台的意见和建议进行反馈？

可联系交易中心热线客服电话（010-63121234）进行沟通反馈。

35．绿电交易的登录平台是什么？

现阶段绿电交易均在北京电力交易平台（含 e-交易）（https://pmos.bj.sgcc.com.cn）进行。

36．绿电交易手机盾绑定流程是什么？

登录电力交易平台后，点击右上角头像图标，选择“个人中心”，需注意绑定的手机号与操作员的手机号需要一致，后续激活手机盾需要手机验证码。如已绑定手机号则不需要再绑定。下方可进行绑定手机盾并设置企业密钥。

若手机号与操作员手机号不一致，可登录平台后在右上角头像图标，选择“个人中心”进行更改。更改时若显示手机号已存在，表示该手机号已被其他市场主体使用，或用户已注册为个人用户，请使用其他号码。

37．市场主体怎么查询数字证书有效期？

插入数字证书后，可点击 U 盾图标，点击详情即可查看证书有效期限。

38．电力交易平台的检修维护时间在什么时候？

根据交易系统业务运行情况，若无特殊情况，电力交易平台的检修维护时间在晚上至凌晨期间，确保工作期间系统正常运行。

第九章

电力交易机构运营管理

1. 国家发展改革委、国家能源局关于推进电力交易机构独立规范运行的具体要求是什么？

推进电力交易机构独立规范运行共分三个阶段。第一阶段是在2020年年底前，区域性电力交易机构和省（自治区、直辖市）交易机构的股权结构实现进一步优化、交易规则保持有效衔接，与调度机构职能划分清晰、业务配合有序。第二阶段是在2022年年底前，各省份电力市场框架、交易规则和交易品种实现进一步规范完善，京津冀、长三角和珠三角地区的交易机构实现互相融合，适应区域经济一体化要求的电力市场初步形成。第三阶段是在2025年年底前，基本建成主体规范、功能完善、品种齐全、高效协同和全国统一的电力交易组织体系。

2. 电力交易机构股份制改造的原则是什么？

电力交易机构采用“多元制衡”的原则依法依规加快推进交易机构股份制改造，股东应具备独立法人资格，可来自不同行业和领域，其中单一股东持股比例不超过50%。2020年上半年，北京、广州2家区域性交易机构和省（自治区、直辖市）交易机构中电网企业持股比例全部降至80%以下，2020年年底前电网企业持股比例降至50%以下。在股份制改造过程中，交易机构应依法依规修订完善公司章程，规范设立股东会、董事会、监事会和经理层，形成权责分明、相互制衡的公司法人治理结构和灵活高效的经营管理机制，实现作为独立法人和市场主体自主经营。交易机构要健全党建工作体系，把党的领导融入公司治理各环节，推动党建与业务有机融合，为党和国家方针政策的贯彻落实提供坚强政治保证。

3. 首都电力交易中心股份制改造的现状是什么？

首都电力交易中心经过两轮股份制改造，截至2022年年末，国网北京市电力公司持股比例已降低至43%，引入6家新股东单位，分别为国家能源投资集团有限责任公司、华能国际电力股份有限公司、大唐国际发电股份有限公司、中国三峡新能源（集团）股份有限公司、中国华能集团发电运营有限公司和北京能源集团有限责任公司，各持股 9.5%。

4. 首都电力交易机构股东的权利与义务是什么？

（1）股东享有的权利包括：

1）参加或委派代表参加股东会，按照其实缴出资比例行使表决权；

2）依据公司章程规定推荐和提名由非职工代表担任的董事、监事；

3）有权了解公司经营状况和财务状况，依法获得公司的经营信息和财务信息等（包括但不限于股东会议记录、公司财务报表等），公司有义务对股东的上述知情权提供必要的协助；

4）对公司的经营活动进行监督，提出建议或质询；

5）依照法律、行政法规及公司章程的规定转让其对公司的出资；

6）按照对公司的实缴出资比例获得权益及利益分配，公司新增资本时，股东有权优先按照实缴的出资比例认缴出资；

7）公司终止、解散、清算时，按其对公司的实缴出资比例参加剩余财产的分配；

8）有关法律、行政法规及公司章程规定的其他权利。

（2）股东应履行的义务包括：

1）遵守公司的章程，服从和执行股东会决议；

2）按时足额缴纳所认缴的出资；

3）以其所认缴的出资额为限对公司的债务承担责任；

4）不得滥用股东权利损害公司或者其他股东的合法权益，不得利用股东身份干涉交易活动；

5）在公司不以营利为目的经营期间，股东不分取红利；

6）遵守国家保密法律法规和有关规定，对所知悉的国家秘密和公司商业秘密严格履行保密义务；

7）有关法律、行政法规和公司章程规定的其他义务。

5. 首都电力交易中心有限公司股东会的权利是什么？

（1）决定公司的战略；

（2）决定公司的经营方针和年度投资计划；

（3）选举和更换由非职工代表担任的董事、监事，对董事会、监事会和董事、监事履职情况进行监督、评价和考核，决定有关董事、监事的报酬事项；

（4）审议批准董事会年度工作报告；

（5）审议批准监事会或者监事的报告；

（6）审议批准公司的年度财务预算方案、决算方案；

（7）审议批准公司的利润分配方案和弥补亏损方案；

（8）审核公司业绩考核和重大收入分配事项；

（9）对公司增加或者减少注册资本作出决定；

（10）决定公司发行公司债券方案；

（11）对公司合并、分立、解散、清算或者变更公司形式作出决议；

（12）批准公司章程和公司章程修改方案；

（13）审议批准所有股权投资、转让和划转，重大资产收购与转让，对外捐赠和担保等事项；

（14）审议批准公司编制管理调整、股权激励和员工持股等重大中长期激励方案；

（15）审议批准民主管理等涉及职工权益的重要事项；

（16）批准公司国有资产转让、部分子企业国有产权变动事项及相应资产评估方案；

（17）批准会计政策和会计估计变更方案等重大财务事项；

（18）对公司年度财务决算和重大事项进行抽查检查；

（19）法律、行政法规或公司章程规定的其他职权。

6．电力交易机构股东会会议由谁召集？

股东会会议由董事会召集，董事长主持。董事长不能履行职务或者不履行职务的，由副董事长主持；副董事长不能履行职务或者不履行职务的，由半数以上董事共同推举一名董事主持。

7．在什么条件下，应召开电力交易机构股东会会议？

原则上股东会会议每年至少召开 1 次。当代表十分之一以上表决权的股东、三分之一以上的董事或监事会提议召开会议时，应当召开临时会议。

8．电力交易机构召开股东会会议应提前多久通知？

召开股东会会议，应当于会议召开 15 日前通知全体股东，涉及股东会审议事项所需文件、信息和资料，应当与通知一并送达全体股东，但全体股东另有约定的除外。

9．电力交易机构股东会如何进行表决？

股东会会议由股东按照实缴出资比例行使表决权，但股东另有约定或公司章程另有规定的除外。股东会会议作出修改公司章程、增加或者减少注册资本的决议，以及公司合并、分立、解散或者变更公司形式的决议，必须经代表三分之二以上表决权的股东通过。其他决议须经代表二分之一以上表决权的股东通过。

10．首都电力交易中心董事会的组成人员有哪些？

首都电力交易中心董事会由 7 名董事组成，包括 1 名职工董事。董事由各股东按照持股比例推荐人选，经股东会选举产生。其中国网北京市电力公司推荐 3 名，其他股东通过随机抽选方式确定推荐顺序，轮流推荐 3 名，职工大会选举职工董事 1 名。

董事会设董事长 1 名，为公司的法定代表人，由国网北京市电力公司推荐并经全体董事过半数选举产生或罢免。董事任期从股东会决议通过之日起计算，董事每届任期 3 年。国网北京市电力公司推荐的董事可以连选连任；其他股东轮流推荐的董事不连选连任。董事届期未满离任，股东新推荐的董事承继当届剩余期限。当期未能推荐董事、监事的股东，可向董事会委派 1 名董事会观察员列席董事会，并就董事会的议题提出意见建议，但不能参与表决。

11．首都电力交易中心董事会的职权有哪些？

（1）召集股东会会议，向股东会报告工作；

（2）执行股东会的决定；

（3）制订公司的战略方案；

（4）制订公司经营方针和年度投资计划，决定经营计划、投资方案和发展规划；

（5）制订公司的年度财务预算方案和决算方案；

（6）制订公司的利润分配方案和弥补亏损方案；

（7）制订公司增加或者减少注册资本的方案；

（8）制订发行公司债券方案；

（9）制订公司合并、分立、解散或变更公司形式的方案；

（10）制订公司章程和修改方案，制定公司的基本管理制度；

（11）决定公司内部管理机构设置；

（12）按照干部管理权限和相关工作程序，聘任或解聘公司高级管理人员；决定聘任或解聘董事会秘书；决定公司高级管理人员的经营业绩考核和薪酬等事项；

（13）制订公司国有资产转让、部分子企业国有产权变动及相应资产评估方案；

（14）决定公司的风险管理体系、内部控制体系、违规经营投资责任追究工作体系、合规管理体系的重大事项，批准年度审计计划和重要审计报告；

（15）决定聘用或者解聘负责公司财务会计报告、审计业务的会计师事务所及其报酬；

（16）制订公司会计政策和会计估计变更方案；

（17）提请股东会审议所有股权投资、转让和划转，重大资产收购与转让，对外捐赠和担保等事项；

（18）制订董事会年度工作报告；

（19）听取总经理工作报告，检查总经理和其他高级管理人员对董事会决议的执行情况；

（20）决定公司安全环保、维护稳定、社会责任方面的重大事项；

（21）制定董事会授权管理制度以及董事会授权决策方案；

（22）法律、行政法规、公司章程规定和股东会授权行使的其他职权。

12．首都电力交易中心有限公司董事在公司任职期间的权利和义务分别是什么？

（1）董事享有的权利包括：

1）了解履行董事职责所需的国资监管政策和股东会要求；

2）获得履行董事职责所需的公司信息；

3）出席董事会会议，充分发表意见，对表决事项行使表决权；

4）提出召开董事会临时会议、缓开董事会会议和暂缓对所议事项进行表决的建议，对董事会和所任职专门委员会审议的议案材料提出补充或者修改完善的要求；

5）根据董事会或者董事长的委托，检查董事会决议执行情况；

6）根据履行职责的需要，开展工作调研，向公司有关人员了解情况；

7）按照有关规定领取报酬、工作补贴；

8）按照有关规定在履行董事职务时享有必要的工作条件和保障；

9）法律、行政法规和公司章程规定的其他权利。

（2）董事应履行的义务包括：

1）贯彻股东会意志，忠实维护股东和公司利益、职工合法权益，坚持原则，审慎决策，担当尽责；

2）保守履职中所知悉的国家秘密、工作秘密和企业商业秘密；

3）遵守国有企业领导人员廉洁从业规定，不得违反股东会对董事忠实和勤勉尽责的规定和要求，不得利用职权收受贿赂或者其他非法收入，不得侵占公司的财产，不得擅自以公司财产为他人提供担保；

4）积极参加股东会、公司组织的有关培训，不断提高履职能力；

5）遵守诚信原则，不得利用职务便利为本人或者他人谋取利益，不得违规接受报酬、工作补贴、福利待遇和馈赠；

6）如实向股东会提供有关情况和资料，保证所提供信息的客观性、完整性；

7）法律、行政法规和公司章程规定的其他忠实、勤勉义务。

13．在什么情况下，应当召开电力交易机构董事会会议？

董事会原则上每年度至少召开一次会议，但当出现以下特殊情形时，董事长在接到提议后三日内召集并主持董事会会议。

（1）公司党委认为有必要时；

（2）三分之一以上董事提议时；

（3）股东会认为有必要时；

（4）监事会提议召开临时会议时；

（5）公司章程规定的其他情形。

14．如何召开电力交易机构董事会会议？

董事会会议原则上以现场会议形式举行，在董事能够掌握足够信息进行表决时，也可采用电话会议、视频会议或者形成书面材料分别审议的形式对议案作出决议。

15．应提前多久通知召开电力交易机构董事会会议？

计划召开董事会会议，应当于会议召开五日前以传真、信函、电子邮件等书面方式通知全体董事。书面会议通知发出后，如果需要变更会议的时间、地点等事项或者增加、变更、取消会议提案的，应当在原定会议召开日之前两日发出书面变更通知，说明情况和新提案的有关内容及相关材料。不足两日的，会议日期应当相应顺延或者在取得全体与会董事的认可后按期召开。

16．电力交易机构董事会如何表决？

董事会会议的表决实行一人一票。董事会由超过半数的董事出席即有效，董事会由实到董事进行表决。董事会决议分为普通决议和特别决议，董事会通过普通决议时，应当经全体董事过半数同意；通过特别决议时，应当经全体董事三分之二以上同意。

特别决议包括：制订公司增加或者减少注册资本的方案；制订公司合并、分立、解散或变更公司形式的方案；制订公司章程草案和公司章程的修改方案；法律、行政法规或股东会规定的应当通过特别决议通过的事项。

董事会决议表决可采用举手、投票、传真或电子邮件等方式。现场召开董事会会议的，会议主持人应当当场宣布统计结果；以传真或者电子邮件表决等方式召开的董事会会议，在规定的表决时限结束后下一工作日之前董事会秘书应通知董事表决结果。

17．董事无法出席董事会会议应如何处理？

董事因故无法出席会议的，应当事先审阅会议材料，形成明确的意见，书面委托其他董事代为出席。受委托董事应当向会议主持人提交书面委托书，并在授权范围内行使董事的权利。董事未出席董事会会议，亦未委托代表出席的，视为放弃在该次会议上的投票权。

18．董事会可以邀请哪些人列席？

董事会可邀请董事会秘书、监事、公司高级管理人员列席董事会会议。列席人员有权就相关议题发表意见，但没有投票表决的权利。

19．交易机构董事会秘书应履行的职责有哪些？

（1）组织公司治理研究，协助董事长拟订有关重大方案、制订或者修订董事会运行的规章制度；

（2）组织筹备董事会会议，准备董事会会议议案和材料；

（3）组织保管董事会会议决议、会议记录和会议其他材料；

（4）组织准备和递交需由董事会出具的文件；

（5）负责与董事联络，负责组织向董事提供信息和材料；

（6）协助董事长拟订重大方案，制订或者修订董事会运作的各项规章制度；

（7）跟踪了解董事会决议的执行情况，并及时报告董事长，重要的进展情况还应当向董事会报告；

（8）负责董事会与股东会、监事会的日常联络；

（9）董事会授权行使和法律、行政法规、公司章程规定的其他职权。

20．交易机构董事会办公室应履行的职责有哪些？

（1）协助董事会秘书加强公司治理机制建设，组织公司治理研究，组织制订公司治理相关规章制度；

（2）组织公司治理制度体系的实施，管理相关事务；

（3）协助董事会秘书筹备董事会会议，准备董事会会议议案和材料；

（4）负责董事会会议记录，草拟董事会会议决议；

（5）保管董事会会议决议、会议记录和会议其他材料；

（6）协助董事会秘书准备和递交需由董事会出具的文件；

（7）协助董事会秘书与董事的联络，负责组织向董事提供信息和材料；

（8）协助董事会秘书编制董事会年度工作经费方案；

（9）协助董事会秘书拟订重大方案、制（修）订董事会运作的各项规章制度；

（10）跟踪了解董事会决议的执行情况，并及时报告协助董事会秘书；

（11）协助董事会秘书草拟董事会年度工作报告；

（12）协助董事会秘书加强董事会与股东会和监事会的日常联络；

（13）董事会授权行使和法律、行政法规规定的其他职权。

21．首都电力交易中心的高级管理人员包括哪些人员？

高级管理人员包括公司总经理、副总经理、总会计师、总法律顾问、业务总监以及其他由公司按照有关规定明确聘任为公司高级管理人员的人员。

22．电力交易机构的总经理有哪些职权？

（1）主持公司的经营管理工作，组织实施党委会议、董事会会议、董事长专题会议的决定事项；

（2）建立总经理办公会议制度，召集和主持总经理办公会议；

（3）协调、检查和督促安全生产、改革发展、经营管理、科技创新等方面的工作；

（4）拟订公司战略和中长期规划、年度综合计划和财务预算方案，并组织实施；

（5）拟订公司年度财务决算、利润分配和弥补亏损、增加或者减少注册资本方案；

（6）拟订公司机构设置、重大投融资计划、资产收购与转让、股权投资、转让和划转、对外担保、捐赠等重要事项方案；

（7）拟订公司风险管理体系、内部控制体系、合规管理体系和违规经营投资责任追究工作体系建设方案；

（8）拟订公司基本管理制度，研究决定规章制度年度建设计划，制定公司具体规章制度；

（9）根据董事会授权，研究决定公司部分经营管理事项；

（10）根据干部工作程序，提请董事会聘任或解聘公司副总经理、总会计师、总法律顾问、业务总监等公司高级管理人员；

（11）法律、行政法规、公司章程规定和董事会授权行使的其他职权。

23．首都电力交易中心监事会的组成人员有哪些？

公司设监事会，由 7 名监事组成。其中，国网北京市电力公司推荐 1 名，其他股东轮流推荐 3 名（同一股东不能同时推荐董事和监事），职工代表监事 3 名。股东推荐的监事由股东会选举产生，职工代表监事由职工大会或职工代表大会选举产生。

监事会设主席 1 人，由国网北京市电力公司推荐并经全体监事过半数选举产生。监事每届任期为3年。国网北京市电力公司推荐的监事和职工监事任期届满，可以连选连任。

24. 电力交易机构的监事会具有哪些职权？

（1）检查公司财务；

（2）对董事、高级管理人员执行公司职务的行为进行监督，对违反法律、行政法规、公司章程或者股东决议的董事、高级管理人员提出罢免的建议；

（3）当董事、高级管理人员的行为损害公司的利益时，要求其予以纠正；

（4）按照《中华人民共和国公司法》的规定，对董事、高级管理人员提起诉讼；

（5）提议召开临时股东会会议，在董事会不履行《中华人民共和国公司法》规定的召集和主持股东会会议职责时召集和主持股东会会议；

（6）向股东会提出提案，发现重大问题，直接向股东会报告；

（7）法律、行政法规规定的其他职权。

25. 国家对于规范交易机构的人员、资产和财务管理要求是什么？

交易机构的董事会成员可由各股东单位推荐，但不得同时兼任市场管理委员会成员；高级管理人员可由股东单位推荐、董事会聘任，也可由董事会市场化选聘；自2020年起，交易机构新进普通工作人员一律市场化选聘。要建立各交易机构间的人员交流机制，确保人员能进能出、能上能下，畅通员工的职业发展通道。根据行业实际情况，建立科学合理、具备竞争力的薪酬分配机制，保障交易机构从业人员的专业能力。

交易机构应以当前办公场所及物资设备为基础，综合考虑发展需求，采取划转、借用、租赁等方式明晰资产管理关系。对拟划转至交易机构的资产，按程序经国有资产管理部门批准后完成移交；对交易机构拟借用、租赁的资产，依法履行相关手续，明确责任主体后完成使用权转移。现阶段，经市场管理委员会同意后，交易机构可与电网企业共享信息系统、交易系统等资产。

交易机构应坚持非营利性定位，根据员工薪酬、日常办公、项目建设等实际需要，合理编制经费预算。与电网企业共用资产的交易机构原则上不向市场主体收取费用，所需费用计入输配电环节成本并单列，由电网企业通过专项费用支付。具备条件的交易机构经市场管理委员会同意，也可向市场主体合理收费，经费收支情况应向市场主体公开。

26. 交易机构的财务经营管理模式是什么？

依据《国家发展改革委 国家能源局印发〈关于推进电力交易机构独立规范运行的实施意见〉的通知》（发改体改〔2020〕234号）的要求，交易机构应坚持非营利性定位，根据员工薪酬、日常办公、项目建设等实际需要，合理编制经费预算。与电网企业共用资产的交易机构原则上不向市场主体收取费用，所需费用计入输配电环节成本并单列，由电网企业通过专项费用支付。具备条件的交易机构经市场管理委员会同意，也可向市场主体合理收费，经费收支情况应向市场主体公开。

截至目前，首都电力交易中心暂不向市场主体收取费用，根据实际运行需求按年度编制经费预算，并与国网北京市电力公司签订《电力交易机构运营专项费用支付协议》，再按照实际发生金额通过专项费用形式支付交易中心日常运营费用。

27. 电力交易中心的预算管理体系包含哪些内容？

交易中心全面预算管理体系包括：一个主体（预算组织机构）、三类对象（综合预算、业务预算、财务预算）、四大环节（预算编制、监控分析、预算调整、考核评价）、两项保障（制度保障、信息技术保障）。

按照管理环节划分，交易中心全面预算管理分为预算编制（含审批、下达）、监控分析（含执行、监控、分析）、预算调整、考核评价等主要环节。

按照管理期间划分，交易中心全面预算分为中长期预算、年度预算和月度预算。交易中心应结合财务发展规划及外部监管要求，建立健全中长期预算管理机制，促进年度预算有效衔接中长期预算，月度预算有效落实年度预算。

按照管理属性划分，交易中心全面预算分为综合预算、业务预算和财务预算。综合预算全面反映预算期间公司财务状况、经营成果和资金收支，既是业务预算和财务预算结果的综合体现，同时又根据经营目标对业务预算和财务预算实施统筹优化和综合平衡。

（1）综合预算包括：利润总额、净利润、资产负债、资本性收支、融资等预算及营收利润率、EVA 等经营业绩考核指标。

（2）业务预算包括：职工薪酬、福利支出、教育培训；办公费用、差旅费、会议费、广告宣传费、中介费；研究开发、信息化专项支出、市场化建设投入、零星购置等，以及其他资本性和成本性项目预算等。

（3）财务预算包括：固定资产折旧、利息支出、资产减值损失、其他业务收支、营业外收支、应交税金等预算。

28. 售电公司如果在公示期间被提出异议，将会如何处理？

根据《售电公司管理办法》第十二条规定：电力交易机构应对公示期间被提出异议的售电公司的异议情况进行调查核实，并根据核实情况分类处理。如因公示材料疏漏缺失或公示期间发生人员等变更而产生异议，售电公司可以补

充材料申请再公示。

如因材料造假发生异议，售电公司自接到电力交易机构关于异议的告知之日起，5 个工作日内无法作出合理解释，电力交易机构终止其公示，退回售电公司的注册申请，将情况报送地方主管部门。

29．电力批发市场发生争议如何进行处理？

据《电力市场监管办法》第二十八条、第二十九条规定：电力市场主体之间、电力市场主体与电力调度、交易机构之间因电力市场交易发生争议，由电力监管机构依法协调或者裁决。其中，因履行合同发生的争议，可以由电力监管机构按照电力争议调解的有关规定进行调解。电力市场主体、电力调度交易机构对电力监管机构的处理决定不服的，可以依法申请行政复议或者提起行政诉讼。

30．交易机构干预和中止电力市场的前提条件是什么？

根据《电力中长期交易基本规则》第一百二十三条规定：电力调度、电力交易机构可以进行市场干预的前置条件包括以下情况：一是电力系统内发生重大事故危及电网安全的；二是发生恶意串通操纵市场的行为，并严重影响交易结果的；三是市场技术支持系统发生重大故障，导致交易无法正常进行的；四是因不可抗力电力市场化交易不能正常开展的；五是国家能源局及其派出机构作出暂停市场交易决定的；六是市场发生其他严重异常情况的。

从上述规则条款可以看出，电力调度、交易机构并非可以随意干预电力市场，而是当且仅当发生上述前置条件的情况下，为保证电力市场安全运营，依据电力市场运营规则，才可以进行市场干预。电力调度、交易机构进行市场干预应当向电力市场主体公布干预原因，体现信息公开的原则。

31．交易机构是否建立了合规管理体系？是怎样确认业务合规管理的？

交易机构依照《中华人民共和国公司法》《中央企业合规管理指引（试行）》《中央企业合规管理办法》等法律法规及公司章程相关要求，建立了合规管理体系，并遵循以下原则开展合规工作：一是坚持全面覆盖。将合规要求嵌入交易机构经营管理各个领域及环节，落实到各部门和全体员工，实现多方联动、上下贯通。二是坚持全过程融入。将合规要求贯穿交易机构经营决策、执行、监督全过程，合规要求融入管理、融入业务、融入岗位。三是坚持预防为主。强化“规在事前，事在规内”思维，坚持前置电力交易业务合规风险防控关口，注重风险识别、研判与评估，及时发现并化解风险隐患。

32．按照市场成员准入管理相关要求，市场主体关键注册信息应完整、准确，如不完整，会有何种后果？

交易机构严格按要求健全交易平台用户权限日常管理、监督检查及考核，规范交易平台用户使用行为，确保交易平台用户权限合规。按照市场成员准入管理相关要求，确保市场主体关键注册信息完整、准确。如注册信息不完整有缺失，在开展电力市场主体交易信用评价（按照国家电网有限公司经营区域适用指标体系，总分 1000 分）时，会被扣分。目前北京地区政府主管部门尚未发布本地区市场主体信用评价规则。

33．按照市场成员准入管理相关要求，市场主体关键注册信息应及时变更，如不在 5 个工作日内向电力交易中心申请变更，会有何种后果？

交易机构严格按要求健全交易平台用户权限日常管理、监督检查及考核，规范交易平台用户使用行为，确保交易平台用户权限合规。按照规定，市场主体注册信息变更时，应在 5 个工作日内向电力交易中心申请变更，如果超过 5 个工作日，认为其注册信息变更不及时。在开展电力市场主体交易信用评价（按照国家电网有限公司经营区域适用指标体系，总分 1000 分）时，会被扣分。

34．市场主体未按照规定办理电力市场注册手续，可能承担哪些责任？

根据《电力市场监管办法》第八章第三十四条规定，如果市场主体未按照规定办理电力市场注册手续，可能会承担以下责任：

未取得电力市场合法身份，可能导致主体无法参与市场交易，影响其市场开展的合法性，存在被注销或处罚的风险。或未能享受电力市场规定的权利和利益，如参与交易等。在电力市场中从事非法经营活动，可能被依法追究刑事责任或者行政责任。

《电力监管条例》第三十一条规定，违反电力市场法规和规定，被处罚或被追究的法律责任可能有：处 10 万元以上 100 万元以下的罚款；对直接负责的主管人员和其他直接责任人员，依法给予处分；情节严重的，可以吊销电力业务许可证。

在合同诉讼中，如果市场主体未按照电力市场注册规定办理注册手续，可能被认为无资格，从而确认与授权参与交易、结算等的合同可能会被判定无效，导致诉讼失败，使得交易风险增加，可能被其他市场主体投诉或索赔。

因此，为了避免上述责任，主体应按照相关规定及时办理电力市场注册手续，确保在市场中具有合法的身份和权益，开展合法经营并享受相关权利。

35．市场主体提供虚假材料可能承担什么责任？

根据《电力市场监管办法》第三十四条、《电力监管条例》第三十一条、《中华人民共和国刑法》第二百八十条等法律法规规定，市场主体提供虚假材料可能会承担以下责任：

行政责任：违反相关法律法规的规定，可能被相关监管部门给予行政处罚，比如罚款、停业整顿、吊销营业执照等。对直接负责的主管人员和其他直接责任人员，依法给予处分；情节严重的，可以吊销电力业务许可证。

民事责任：因虚假材料导致其他市场主体或消费者遭受经济损失，可能会被要求承担民事赔偿责任。

刑事责任：涉及虚假材料的情况严重时，可能触犯《中华人民共和国刑法》妨害社会管理秩序相关犯罪，被追究刑事责任，处三年以下有期徒刑、拘役、管制或者剥夺政治权利，并处罚金。情节严重的，处三年以上十年以下有期徒刑，并处罚金。

因此，市场主体应该遵守诚实信用原则，提供真实准确的材料，避免产生不必要的法律风险和经济损失。

36. 市场主体违反规定行使市场操纵力应承担什么责任？

根据《电力市场监管办法》第八章第三十四条、《电力监管条例》第三十一条、《售电公司管理办法》第二十八条、第二十九条等法规规定，市场主体违反规定行使市场操纵力可能导致市场价格失真，干扰市场公平竞争，损害其他市场参与者的利益，因此应当承担相应的法律责任。具体责任包括：

受到行政监管部门的处罚，如罚款、暂停业务等，地方主管部门通知电力交易机构对违规的售电公司实施强制退出；

被投资者、参与者、受损企业等提起诉讼，需要承担赔偿责任；

如果市场主体属于上市公司，还可能受到证监会等监管机构的处罚，包括取消上市资格等。

综上所述，为了维护市场秩序，市场主体应当严格遵守相关法律法规，不得违规行使市场操纵力，否则将承担相应的法律责任。

37. 市场主体有不正当竞争、串通报价等违规交易行为应承担什么责任？

根据《电力市场监管办法》第八章第三十四条、《电力监管条例》第三十一条、《售电公司管理办法》第二十八条、第二十九条，以及《市场监督管理严重违法失信名单管理办法》第九条等法规规定，参与电力市场交易的市场主体有不正当竞争、串通报价等违规交易行为，应承担相应的法律责任。具体责任包括但不限于：

受到行政处罚，如罚款、停业整顿等，地方主管部门通知电力交易机构对违规的售电公司实施强制退出；

对直接负责的主管人员和其他直接责任人员，依法给予处分；情节严重的，可以吊销电力业务许可证；

承担赔偿责任，赔偿竞争对手或消费者因不正当竞争行为所遭受的经济损失；

受到市场信用惩戒，如列入电力市场失信惩戒对象名单、经营异常名录、限制市场准入等。

需要注意的是，电力市场交易领域作为具有公共利益性的市场，其监管力度更强，违规行为所受处罚也更严厉。同时，监管部门对于违法违规行为的查处也将更加严格，以维护电力市场公平竞争的秩序。此外，不正当竞争、串通报价等违规交易行为不仅会破坏市场竞争秩序，也会对公众利益造成损害，在执法力度方面也会加强。

38．市场主体未按规定开展信息披露应承担什么责任？

电力市场交易涉及诸多利益相关方，加强信息披露有利于维护市场秩序和保护企业和投资者的合法权益，是电力市场健康发展和规范治理的必备条件。信息披露对于企业全流程运作维稳和市场风险控制起着至关重要的作用。

根据《电力市场监管办法》第八章第三十四条、《电力监管条例》第三十一条、《电力现货市场信息披露办法（暂行）》第三十六条和第三十七条等法规规定，参与电力市场交易的市场主体未按规定开展信息披露，将会面临电力市场监管部门的监管处理和法律责任，具体责任包括但不限于：

受到电力市场监管部门的行政处罚，包括警告、罚款、中止交易、吊销市场准入资格、列入经营异常名录等；

接受市场监管部门的调查和处罚，并承担由此产生的相关成本和损失；

对直接负责的主管人员和其他直接责任人员，依法给予处分；

情节严重的，可以吊销电力业务许可证。

受到市场信用惩戒，如电力市场失信惩戒名单等，给企业的商誉造成不良影响。如，河南能源监管办2020年9月8日发布的《河南电力市场交易信息披露监管办法（试行）》（征求意见稿）中明确表示，参与电力交易的市场主体有下列行为之一，一经查实直接列入涉电力领域“黑名单”，取消交易资格，通过电力交易平台对相关事项予以披露：

（1）违反国家有关法律法规、产业政策、环保政策；

（2）单方面不履行市场交易合同或具有法律效力的交易意向；

（3）恶意串通报价、操纵市场或变相操纵市场；

（4）提供虚假申请材料，散布虚假信息，违规发布信息或未按规定披露、提供信息；

（5）泄露影响公平竞争和涉及用户隐私的相关信息；

（6）其他严重违反市场规则的行为。

因此，市场主体应该遵守诚实信用原则，提供真实准确的材料，合法开展信息披露，避免产生不必要的法律风险和经济损失。

39. 市场主体在交易平台出清结果发布后不认可成交结果应承担什么责任？

电力市场交易是一个复杂的市场，参与者需严格遵守相关法律法规和市场规则，保持真实、公正、透明的交易行为，避免出现恶意炒作、串通行为等不法行为。为维护电力市场的健康有序发展，任何市场主体都应认可平台出清结果，尊重市场规则，积极履行交易义务，做到公平竞争、诚信交易。

如果参与电力市场交易的市场主体在交易平台出清结果发布后不认可成交结果，将会面临电力市场监管部门的监管处理和法律责任，具体责任包括但不限于：

受到电力市场监管部门的行政处罚，包括警告、罚款、暂停交易、吊销市场准入资格等；

要承担由此造成的经济损失和不良影响，包括对交易对手和其他利益相关方所产生的损失进行赔偿；

受到市场信用惩戒，如列入电力市场失信惩戒对象名单，限制市场准入等。

参 考 文 献

［1］国家电力调度控制中心．电力现货市场 101 问［M］．北京：中国电力出版社，2021．
［2］天津电力交易中心有限公司．天津电力市场直接交易规范指引［M］．北京：中国电力出版社，2022．
［3］陈向群，罗朝春，等．电力交易工作问答［M］．北京：中国电力出版社，2021．
［4］叶青．售电公司：交易运营原理与实践［M］．北京：中国电力出版社，2019．
［5］张粒子，张洪，等．能源市场知识［M］．北京：中国电力出版社，2021．
［6］马晋龙，孙勇，等．能源转型创新与实践［M］．北京：中国电力出版社，2021．
［7］北京电力交易中心．电力直接交易服务手册［M］．北京：中国电力出版社，2018．